HO'OPONOPONO

Conéctate con los milagros

MARÍA JOSÉ CABANILLAS

HO'OPONOPONO

Conéctate con los milagros

MADRID - MÉXICO - BUENOS AIRES - SAN JUAN - SANTIAGO

2012

© 2012. María José Cabanillas
© 2012. De esta edición, Editorial EDAF, S. L. U. Jorge Juan, 68. 28009, Madrid.

Diseño de la cubierta: Gerardo Domínguez

Editorial Edaf, S. L. U.
Jorge Juan, 68. 28009 Madrid, España
Tel. (34) 91 435 82 60 - Fax (34) 91 431 52 81
http://www.edaf.net
e-mail: edaf@edaf.net

Algaba Ediciones, S. A. de C. V.
Calle 21 - Poniente 3323. Colonia Belisario Domínguez
Puebla 72180, México
Tel. 52 22 22 11 13 87
e-mail: edafmexicoclien@yahoo.com.mx

Edaf del Plata, S. A.
Chile, 2222
1227 Buenos Aires, Argentina
Tel./Fax (54) 11 43 08 52 22
e-mail: edafdelplata@edaf.net

Edaf Chile, S. A.
Coyancura, 2270 Oficina 914
Providencia, Santiago de Chile, Chile
Tel. (56) 2/335 75 11 - (56) 2/334 84 17 - Fax (56) 2/231 13 97
e-mail: edafchile@edaf.net

Edaf Antillas, Inc.
Local 30, A-2 -Zona portuaria Puerto Nuevo
San Juan, PR (00920)
Tel. (787) 707 17 92

14.ª reimpresión, abril 2015

ISBN: 978-84-414-3140-9

Depósito legal: M-19.945-2011

PRINTED IN SPAIN   IMPRESO EN ESPAÑA

COFAS, S.A.

Me encantan los héroes anónimos, a pesar de que ninguno se vanagloriaría de ello. Jamás se les ocurriría definirse de ese modo.

A ti, mamá, que eres mi heroína, fuerza y bondad, te quiero y admiro.

A mi padre, alma pura de niño indefenso y a su manera, un gran maestro, te envío amor allá donde estés.

A mis hermanos, ya sabéis, gracias.

A mi capitán América y a mi enanita pequeña de los ojos azules, mi alegría en el día a día.

A cada uno de los participantes en mis cursos, charlas y conferencias porque me habéis permitido hacer lo que amo.

A ti, que sostienes este libro en tus manos, a ti explorador de la vida que con alegría y valor has decidido buscar el ansiado tesoro... la felicidad, mientras muchos todavía duermen.

Índice

Prólogo

L A primera vez que escuché la palabra ho'oponopono fue gracias a María José Cabanillas. Sinceramente, era un método que desconocía por completo e ignoraba los múltiples beneficios que obtendría al introducirlo en mi vida.

El método en sí me atraía y seducía. Una vez que comencé a utilizarlo y formó parte de mi rutina, la vida fue cambiándome por completo. Tal y como te cuento, se produjeron grandes cambios en mi vida, algunos incomprensibles y otros más lógicos.

La verdad es que todo lo que deseaba llegaba a mí de la forma más insospechada. Si necesitaba dinero, me llegaba dinero. Si necesitaba subir mi estado de ánimo, algo sucedía que me provocaba alegría. Las puertas se iban abriendo y las posibilidades llegaban a mí. Una tras otra. Hasta tal punto que no he dejado de practicarlo hoy en día.

¿Por qué abandonarlo cuando algo es tan eficaz? Te animo a que lo pruebes, ¿qué puedes perder? Nada. Y, ¿qué puedes ganar? Que todos tus sueños se hagan realidad.

Una herramienta tan valiosa hay que saber cómo emplearla, descubrir sus secretos y hacerla parte de nosotros. Estoy convencido de que te será de ayuda en momentos buenos y en circunstancias de incertidumbre. En la pena, en el llanto, en la alegría. Y sé, con toda certeza, que será un magnífico aliado en tu vida a partir de hoy mismo. Sé consciente de lo privilegiado que eres al descubrir un aliado tan eficaz y beneficioso como lo es ho'oponopono.

Porque ho'oponopono es como aquella bella canción que cuanto más escuchas más alegra tu vida.

DANIEL DE LA PEÑA
Escritor, autor de *Triunfadoras*
y *Un regalo prodigioso*

Introducción

M E levanto ya cansada, sin ganas de enfrentarme a otro nuevo día. Iré al trabajo, me aburriré como de costumbre y cobraré un mísero sueldo a fin de mes. Me enfrentaré otro mes (y ya son muchos) a numerosos pagos a los que no sé cómo haré frente, y también al miedo en el estómago, a los mareos, la fatiga...

¿Por qué yo? ¿Qué he hecho mal? ¿Por qué tengo tan mala suerte? ¿Y qué puedo hacer? No me gusta mi vida, tengo numerosas deudas, mi salud se resiente, mis relaciones personales se deterioran... ¿esto es la vida?

Hola, querido lector, ¿te has hecho estas preguntas, u otras parecidas, en alguna ocasión?

Yo sí, demasiadas veces, y llegó un día en que ya me cansé.

Me cansé de sufrir, me cansé de ser incapaz de disfrutar de la vida, me cansé de problemas, preocupaciones e historias para no dormir y cuando dije «ya no puedo más», vino a mí **ho'oponopono**.

No voy a entrar en valorar teorías respecto a esta técnica, tienes muchas páginas en este libro para entender por qué funciona y cómo se aplica ho'oponopono. Mi intención en esta introducción es que te quede muy claro que **esta técnica funciona**, y que si utilizas esta herramienta en tu día a día, tu vida, sí o sí, va a cambiar, *porque tú lo creas todo y tú puedes cambiar las circunstancias de tu vida que te hacen infeliz.*

Ho'oponopono es una técnica ancestral hawaiana de resolución de problemas y no solo es potente y eficaz, es además una herramienta sencilla de practicar, que tan solo consiste en repetir una serie de palabra como si fueran un mantra: «LO SIENTO, POR FAVOR PERDÓNAME, GRACIAS, TE AMO». Estas son las cuatro palabras principales de ho'oponopono, aunque hay más palabras y herramientas integradas en la técnica de ho'oponopono como veremos a lo largo de estas páginas.

Llevo un largo y gratificante tiempo transmitiendo esta técnica a toda aquella persona que busca cambios positivos en su vida. Te aseguro que después de conocer esta herramienta, siempre los encuentra, depende de su elección.

¿Pienso, actúo y me comporto como hasta ahora, y sigo atrayendo problemas a mi vida, o cambio de una vez por todas?

Porque cuando tú cambias, cuando tú sanas, tu realidad siempre sana, incluidas las personas que están en tu realidad.

He visto milagros en mi propia vida y los veo constantemente en las personas que se toman en serio la práctica de ho'oponopono, al fin y al cabo tú tienes libre albedrío y tú elijes el descanso, la paz (ho'oponopono), o la lucha (preocupación).

Te podría contar cientos de testimonios positivos, en todos los niveles, físicos, materiales, emocionales… no me sorprende, porque a mí me cambió la vida y, si tú quieres, así ocurrirá contigo.

A veces el dolor nos abruma, nos llena de impotencia, nos hace llegar a la pura desesperación y, en esos momentos, nos hacemos las preguntas más erróneas. ¿Por qué yo? ¿Por qué tengo tan mala suerte? ¿He hecho algo mal y se me está castigando?

Como entenderás a través de este libro, tú creas el mundo en que vives, lo que ocurre es que esta creación se produce desde un nivel inconsciente.

Pero aunque eres responsable de todo lo que sucede en tu realidad, ahora es tu turno de cambiar lo que te hace sufrir, te toca sonreír y disfrutar de cada segundo, de cada momento, quizá tengas tu luz invertida en angustias, miedos y dudas. Es hora de recuperar esa luz, tienes el poder de seguir creando caos en tu vida y también de liberarte de la negatividad y comenzar a vivir de una forma plena y amorosa. Ho'oponopono es el camino más fácil para conseguirlo, te mereces ser feliz, así que **conéctate con los milagros.**

La paz del corazón es uno de los logros más difícil de alcanzar, pero para ello tienes a tu alcance esta maravillosa técnica ancestral de resolución de problemas. Para que conquistes esa paz, date permiso para ser feliz, para tener éxito y para encontrar el amor, cuando seas feliz no te rindas y pide más felicidad, te lo mereces, la felicidad es inagotable y es tu derecho de nacimiento.

> La alegría es señal inequívoca de que la vida triunfa.
>
> H. BERGSON

La alegría se halla tan unida a la vida como la flor a la planta. Cuando esta no tiene nada que la bloquee, la flor y el fruto brotarán solos, sin ningún esfuerzo, como algo natural.

Sin esfuerzo, como algo natural… así de fácil es practicar ho'oponopono,

Prueba, tómatelo como un juego, ¿qué pierdes por probar? Ya me contarás…

1

¿Qué te puede aportar la práctica del ho'oponopono?

ACE ya unos años hice un viaje a Portugal, era una época de mi vida bastante complicada en todos los sentidos. Una mañana me encontraba en una bonita cafetería de Lisboa y observé que, al servir el café, siempre daban unos azucarillos que tenían escritas en el envoltorio citas literarias, frases poéticas...

Ese día, en mi azucarillo había una bella frase:

Algún día saldré a la calle y gritaré que soy feliz.

Esa frase despertó algo en mi; ¡sí, yo iba a superar esa mala época, iba a salir a la calle y gritar mi felicidad a los cuatro vientos! Estaba decidida a ello, un rayito de esperanza me embargó, guardé el azucarillo en mi bolso, de alguna forma era una promesa que yo me hacía a mí misma, estaba cansada de sufrir.

Al poco tiempo, tan solo unos meses después, me llegó una información sobre ho'oponopono, nunca había oído hablar de ello, pero me llamó la atención, así que empecé a estudiar la técnica y la puse en práctica. A los dos meses de que ho'oponopono entrara en mi vida, mi realidad era absolutamente diferente.

Lo primero que noté fue una mayor armonía interna. La tristeza, la ansiedad y la preocupación empezaban a desaparecer, no me enganchaba tanto a la mente y su parloteo constante, sentía cada día una mayor paz. La consecuencia es que cuando comienzas a sanar a nivel interno tu realidad externa también sana.

Empecé a dedicarme profesionalmente a lo que me gustaba, lo cual hacía sentir a mi alma jubilosa, mi economía empezó a sanearse, el dinero, de hecho, llegó muy rápido a pesar de que yo siempre había creído que era costoso alcanzar la prosperidad económica, y me encontraba pletórica de salud y energía. Adiós a los días tristes, como dice la canción:

> Adiós a la tristeza, mi pan de cada día.
> La niebla en el corazón, la dulce desilusión.
> Olvídame que no soy el que fui.
> Soy un loco de atar, soy un hombre feliz.

Y por supuesto, fui fiel a mi promesa y saqué mi azucarillo de la cartera. Había llegado ese momento en el que cambié dolor por entusiasmo, salí a la calle lista para reír y grité que era feliz. Siempre sonrío recordando aquella escena, supongo que habría personas que pensarían que era presa de algún tipo de locura. Pero locura es esa extraña atracción hipnótica del ser humano hacia el sufrimiento, la manera más absurda de desperdiciar nuestro tiempo, porque la vida puede y debe ser fácil. No hemos venido a esta vida a sentarnos en la oscuridad compadeciéndonos por lo que no tenemos. La buena noticia es que puedes hacer algo y, en estas páginas, descubrirás el qué.

Nunca hubiera adivinado que los cambios positivos en mi realidad cotidiana sucediesen tan rápido. Fue gracias a ho'oponopono, fue gracias a esa conexión con mi verdadero Ser, con nuestra esencia, con nuestro Dios interno, porque desde esta unidad podemos vivir en armonía. Siento que mi vida está llena de milagros, sí milagros, porque con la mente lógica no los puedo entender, pero sí entiendo desde el alma que estoy en conexión con la Totalidad del Universo, y la Divinidad me guía y me protege, y también puede ser así para ti.

Déjame que te muestre algunos testimonios de personas que también practican ho'oponopono. Podría contarte muchos más, mi intención es que veas a través de las experiencias de personas que practican ho'oponopono, que solo es necesario un requisito para empezar a notar cambios positivos en tu vida: practicar. Ho'oponopono funciona para todos, no has de ser una persona especialmente inteligente, culta o iluminada. Adolescentes, niños y ancianos, hombres y mujeres, todo el mundo puede beneficiarse del efecto de introducir en su vida ho'oponopono.

Sé que si integras esta herramienta en tu vida, algún día me llegará un hermoso testimonio tuyo, pronto, también tú sacarás el azucarillo del bolsillo.

Ho'oponopono funciona a todos los niveles, físico, emocional, mental y espiritual y para todo tipo de problemas; económicos, laborales, relaciones de pareja…

Por eso los testimonios que me llegan son muy variados, hay algo en común en todos los casos y es la paz interna que las personas empiezan a disfrutar, se sienten menos preocupados, hay menos sufrimiento en sus vidas, menos drama.

Una de las consecuencias de esa sensación de tranquilidad interna es que muchas personas me cuentan que dejan los somníferos, pues ya pueden dormir de forma natural.

Respecto a la autoestima también hay grandes cambios. Ho'oponopono te ayuda a quererte y respetarte, cuando te quieres y te respetas, te sientes merecedor de lo bueno, de lo mejor. Entonces lo bueno llega a tu vida. Recuerda, el amor comienza en uno mismo.

* * *

Voy a contarte algún caso específico, agradezco a todas las personas que salen reflejadas en este libro que me permitiesen compartir su vivencia.

Recuerdo el caso de una persona que estaba en una situación económica muy difícil. Ni él ni su mujer trabajaban hacía ya un tiempo y el tema del dinero empezaba a ser preocupante. Esta persona vino a uno de mis seminarios, a los tres días tanto él como su mujer tenían trabajo. Les habían llamado para trabajar en el mismo proyecto, ya que los dos se dedicaban a la misma profesión, su mujer nunca había sido contratada en España, era de otro país, y esto le había supuesto un obstáculo en el tema laboral, ahora por primera vez en años los dos tenían trabajo.

Una mujer joven llevaba luchando contra el cáncer durante años. Quimioterapia, radioterapia, dos operaciones... pero el cáncer seguía allí, y ella estaba ya cansada, con ganas de tirar la toalla. Empezó a trabajarse a nivel interno: alimentación, reiki, terapias de pensamiento positivo..., el cáncer remitió. Luego entró ho'oponopono en su vida y comenzó a practicar. Ahora el cáncer ha desaparecido por completo. Siempre que haya una enfermedad se hace necesario mirar hacia dentro, la sanación ha de producirse en la mente-corazón, hay que trabajar en el causante del daño que es uno mismo.

Miguel es ingeniero, tenía un buen puesto de trabajo, sueldo asegurado, pero no se sentía feliz desempeñando esa labor, él tenía otro sueño y decidió perseguirlo. El sueño era tener su propio negocio dedicado a las energías renovables, pero para ello lo primero que necesitaba era capital para la inversión inicial. Conoció a una persona «casualmente» a la que le fascinó su proyecto y quiso asociarse con Miguel. Hace poco tiempo me contaba que tenía ya tres contratos firmados que le aseguraban el sustento de todo un año, y solo acababa de comenzar su nuevo camino.

Tan solo habían pasado tres meses desde que decidiese escuchar a su corazón y tomar un nuevo rumbo. La vida es apostar, la vida es correr riesgos. Persigue tus sueños y la vida te sonreirá.

Silvia tiene un retraso del 75%, tiene veinte años pero realmente, es como si tuviera seis años. Su madre y su tía le enseñaron a practicar ho'oponopono; a Silvia le gustó y repetía las palabras, siempre que practicaba ho'oponopono bostezaba y le invadía el sueño, un síntoma significativo de la paz que le inundaba. Silvia sufre epilepsia y le costaba escribir con trazos firmes; un día estaba escribiendo y comenzó con su repetición mental de las palabras. Su trazo al escribir, en un instante, se volvió perfecto, cada día escribe mejor y Silvia está muy contenta.

Ascensión es una mujer de unos setenta años y desde niña está casi ciega. Tan solo percibe sombras, su ilusión era poder ver, como ella decía: «Quiero volver a leer un libro, ese es mi sueño».

Un día me llamó y me contó que sigue sin ver, pero ya no le importa, siente paz interna y más felicidad que nunca, se había dado cuenta de que había caído en cierto patrón de victimismo ya que, debido a su ceguera, las personas le prestaban más atención, ahora acepta su situación y es feliz. La felicidad es Ahora, es un estado interno, la felicidad está en el camino y no en la meta.

Alicia es una mujer que nunca encontraba hombres que la respetaran, su creencia era que nunca iba a ser feliz en pareja y sentía miedo a la soledad. Se dio cuenta de que lo primero que debía hacer era amarse y respetarse a sí misma, lo había intentado pero no le resultaba fácil, empezó a practicar ho'oponopono. Actualmente comparte su vida con una persona respetuosa y cariñosa que la trata, como ella dice, como una princesa. Su pareja es un antiguo compañero de trabajo que se encontró «casualmente» por la calle después de varios años sin contacto alguno.

Un joven con depresión empezó a utilizar ho'oponopono. Al principio se sintió mejor, luego volvió a recaer, pero persistió en la práctica de esta técnica ancestral. Ahora está totalmente recuperado e incluso ha empezado a perseguir un sueño olvidado que ha decidido retomar, ha sustituido ese estado anímico depresivo por gozo, alegría y pasión.

También se notan muchos cambios en las personas que están en nuestra realidad. Muchas madres me dicen como notan cambios positivos en la actitud de sus hijos, que mejora su relación de pareja, que hay cambios positivos en el ambiente laboral… Las personas que nos rodean parecen estar más tranquilas, más felices, entenderás que las personas que están en tu realidad también son una proyección de tu mente, y cuando tú sanas, ellas sanan.

* * *

¿Cómo suceden tantas cosas maravillosas repitiendo solo unas palabras?

GRACIAS

TE AMO

LO SIENTO

POR FAVOR, PERDÓNAME

Para eso he escrito este libro, para que entiendas por qué practicando ho'oponopono **te conectas con los milagros.** Una llave maestra es aquella que abre todas las puertas, ¿qué puerta quieres abrir tú? Ho'oponopono la abrirá, si este libro ha llegado a ti no es por casualidad, la casualidad no existe, así que practica ho'oponopono y enfoca mente y corazón en el dios que tú eres, en el orden divino que dirige el universo y sé consciente allá donde estés de que lo que viene es mejor que lo que has vivido hasta ahora.

2

¿Qué es ho'oponopono?

Por fin ocurre la gran transformación. Por fin, la vieja y fea oruga deja de existir dando paso a la bella y noble mariposa. Con sus alas coloridas, su porte delgado y fino, la mariposa lucha y sale del capullo que, aunque haya servido muy bien a su «antecesora», ahora se torna una peligrosa trampa.

En vez de comer incesantemente, la mariposa está satisfecha con poco. Su trabajo principal es el de ayudar a polinizar, y así ayudar a expandir la naturaleza y dar la luz a mariposas futuras. En este estado, la mariposa está libre.

COMO he dicho, el objetivo de este libro es que entiendas qué es ho'oponopono, por qué funciona y cómo se realiza la práctica.

Primero voy a explicarte los conceptos que están integrados en esta técnica. Ho'oponopono es fácil de practicar, pero el trasfondo de esta técnica ancestral es muy profundo, pienso que si entiendes lo que sucede cuando practicas ho'oponopono, te sentirás más motivado para integrar esta herramienta en tu día a día.

Ho'oponopono es un arte hawaiano muy antiguo de resolución de problemas.

Ho'oponopono significa «corregir un error de pensamiento».

Hace unos años la práctica de ho'oponopono era muy complicada, pero Morrnah Simeona nos trajo estas enseñanzas y las actualizó para los tiempos modernos, método en el que está basado este libro. Actualmente las figura más representativas de ho'oponopono en el mundo son el doctor Ihaleakala Hew Len y Mabel Katz.

Se ha difundido información algo confusa sobre ho'oponopono, pero en este libro encontrarás total claridad para aplicar ho'oponopono en tu día a día. Así es la forma en que yo lo he aplicado a mi vida, la forma en que lo transmito en mis cursos, consiguiendo en las personas que asisten a mis seminarios resultados que muchas veces son sorprendentes para la mente racional.

Hace unos años la práctica de ho'oponopono era muy complicada. Ahora es tan sencilla que a nuestro intelecto se le hace difícil entender que solo diciendo una palabra como «gracias», o utilizando cualquiera de las otras herramientas de ho'oponopono, estás *borrando*, estás *limpiando*, estás *sanando* tu mente subconsciente que es tu punto de atracción.

Lee estas palabras de Morrnah Simeone sobre ho'oponopono:

> En el área de resolución de problemas, el mundo es un reflejo de lo que ocurre en nuestro interior. Si estás experimentando desequilibrio o malestar, el lugar a mirar es en tu interior, no fuera hacia el objeto que percibes como causante de tu problema. Cada tensión, desequilibrio o enfermedad puede ser corregido solo trabajando en ti mismo.

Veremos la práctica en un capítulo posterior, pero te adelanto que utilizar ho'oponopono es tan sencillo como repetir mentalmente «gracias» , «te amo», o cualquiera de las palabras que están incluidas en la técnica, sin visualizar nada, sin intención de nada en particular, solo repitiéndolas mentalmente.

Las palabras más comunes, y que quizá conozcas, son:

Te amo, Lo siento, Por favor, perdóname, Gracias.

Hay muchas más palabras y herramientas que puedes utilizar, y ni siquiera es necesario que repitas las cuatro palabras juntas, cualquiera de ellas, *limpia* y *borra*.

Vamos a ver los conceptos más importantes para que entiendas ho'oponopono y sepas qué quiero decir con ese «limpias», «borras».

100% responsabilidad

Estás atrayendo todo lo que llega a tu vida.

Nuestra mente está formada por dos partes, tu mente consciente y tu mente subconsciente. Tu mente consciente procesa solo 15 bits de información por segundo, tu mente subconsciente 11 000 000 de bits de información por segundo.

La única función de tu mente consciente es *elegir*. Atraes todas las circunstancias de tu vida con tu mente, pero NO con tu mente consciente, lo haces a través del subconsciente.

Tu subconsciente contiene memorias, programas y creencias, algunas positivas, pero muchas de ellas limitantes mediante las cuales estás creando tu realidad, una realidad muchas veces imperfecta que te hace infeliz. A través de tu mente subconsciente creas las circunstancias de tu vida, el subconsciente es tu punto de atracción, es él quien manifiesta, es él quien crea.

La culpa de lo que ocurre en tu vida no es del gobierno, ni de la crisis, ni de tu pareja, ni de la suerte o el destino. Si algo en tu vida no te satisface, recuerda que tú lo has creado y que, por tanto, tú puedes cambiarlo. ¿Cómo? Utilizando una herramienta mágica: ho'oponopono.

Y tú te preguntas, pero ¿cómo he creado yo este problema?, ¿cómo he creado yo esta relación problemática?

Como demuestran los últimos estudios de la física cuántica:

Creas tu realidad con tus pensamientos y creencias.

Todo lo que existe en tu realidad es una proyección de tu mente

Lo que ocurre es que no somos conscientes de los sesenta mil pensamientos diarios que producimos y mucho menos de las creencias limitantes que tenemos a nivel subconsciente.

Lo que creemos, creamos, si crees que la vida es dura, así será para ti, tu realidad reflejará fielmente esa creencia limitante. Si piensas que la vida es maravillosa, también será así y atraerás a las personas y circunstancias que reafirmarán ese pensamiento.

Los estudios han demostrado que, hasta la edad de siete años, nuestros cerebros se hallan en un estado de ensoñación en el que la mente absorbe todo lo que puede de su entorno. Captamos información con respecto al mundo que nos rodea sin filtros que nos digan qué es apropiado y qué no lo es, todo lo que se graba en la infancia estará incrustado en lo más profundo de nuestro sistema nervioso y en nuestras células.

Ya en esta temprana edad hemos grabado en nuestro subconsciente creencias limitantes respecto a nosotros mismos y al mundo. En la edad adulta esas creencias que nos limitan salen a la luz, el 90% o más de nuestras acciones diarias son respuestas surgidas del depósito de información que acumulamos durante los siete primeros años de nuestra existencia. El pasado está presente hoy influyendo en todo lo que pensamos, sentimos y decidimos.

Normalmente casi todas las creencias, tanto positivas como limitantes, que adquirimos en la infancia provienen de nuestros padres. En su primera etapa, el niño tiene que aprenderlo todo del desconocido mundo exterior, y su principal estrategia de aprendizaje es la imitación, de ahí que toda su atención esté dirigida a las dos personas de las que depende toda su vida: sus padres. Las palabras que pronuncian estos dos «dioses» del niño y las actitudes que ve en ellos entran directamente en su recién estrenado inconsciente.

Aprendimos nuestros hábitos subconscientes en un entorno que era una mezcla de cosas positivas y negativas, por eso tenemos creencias positivas, y estas nos ayudan en la vida, pero también creencias limitantes, y estas nos pueden hacer el camino muy complicado.

Por si eso fuera poco, tenemos *memorias, programas,* que pueden venir inclusive de otras vidas y de nuestros ancestros. Muchas de nuestras memorias tienen que ver con nuestros ancestros.

Cuando hablo de «memorias», me refiero a que en la memoria de nuestras células está escrito el programa completo de nuestra existencia. Esta infoenergía incluye la información física, mental, emocional y espiritual que proviene de toda la experiencia de vida, herencia genética y generaciones pasadas. Nada de lo que experimentamos escapa de quedar impreso y grabado dentro del holograma celular en forma de memoria.

Como decía anteriormente, gran parte de nuestras memorias vienen de nuestros ancestros. Estudios recientes demuestran la existencia de una «memoria celular» que heredamos de nuestros antepasados. Esta memoria celular es independiente de nuestra mente y, por lo tanto, no es racional. Esto quiere decir que junto con el color de nuestros ojos, nuestra estatura o nuestros rasgos faciales también heredamos y compartimos emociones, traumas e incluso ciertas creencias de nuestros ancestros. Toda esta información está firmemente enraizada en lo más profundo de nuestro inconsciente, condicionando y dirigiendo nuestra experiencia vital.

La información guardada en la memoria celular nos condiciona de tal manera que nos predispone a percibir y comportarnos de un cierto modo. Usando la analogía de un ordenador, el ser holístico sería el disco duro. La memoria celular es la base de datos de ese disco. Todas las cosas que alguna vez nos han pasado están grabadas en las células de nuestro cuerpo en forma similar a los archivos que han sido guardados en un ordenador.

De esta manera, lo que está guardado allí afecta al modo en que nosotros realizamos nuestras tareas rutinarias, a la forma en que reaccionamos al estrés, a cómo manejamos los desafíos emocionales en nuestras vidas, a cómo nos relacionamos y, en definitiva, a cómo creamos nuestra realidad.

Muchas de esas memorias son dolorosas. Además de las creencias limitantes, tenemos toda esa «basura» en el subconsciente. Dado que atraes todo a tu vida desde tu mente subconsciente, hasta que no elimines esta programación negativa, seguirás atrayendo problemas, relaciones difíciles, etc.

Cada vez que utilizas ho'oponopono, que *limpias, borras*, estás eliminando «basura» de tu subconsciente y dejas de ser prisionero de toda esa programación negativa. Las puertas irán abriéndose, aparecerán nuevas posibilidades, nuevas soluciones nunca antes pensadas, nuevas maneras de vivir la vida.

Cambia tu interior y cambiarán las condiciones externas de tu vida, si tú no cambias, por mucho que modifiques el decorado, nada cambiará. No tienes pensamientos negativos porque tu vida no funciona, porque nada te sale bien y eso te amarga, sino que tu vida es dura, hostil, tu vida es un desastre, por la manera en que piensas.

Si quieres despertar, primero has de ser consciente de que tú has elegido casa cosa, persona y circunstancia de tu vida. Es tu creación inconsciente, pero eres el dios de tu reino y puedes cambiar tu realidad.

Ha llegado el momento de que reclames tu poder para hacerte feliz a ti mismo, pero a veces esto no es tan sencillo, por ello ho'oponopono te guiará en esa nueva ruta que has decidido tomar.

Conéctate con el hemisferio derecho y aquieta la mente

El cerebro humano consta de dos hemisferios unidos por el cuerpo calloso que se hallan relacionados con áreas muy diversas de actividad y funcionan de modo muy diferente, aunque complementario. Podría decirse que cada hemisferio, en cierto sentido, percibe su propia realidad; o quizá deberíamos decir que percibe la realidad a su manera.

Al hemisferio cerebral derecho se le atribuyen las habilidades espaciales y visuales (por ejemplo, la facultad de imaginar figuras y formas), la creatividad, las emociones, la capacidad de síntesis y el talento artístico.

El hemisferio cerebral izquierdo se encarga del lenguaje, la escritura, el pensamiento analítico y la lógica.

Lo más habitual es que el hemisferio izquierdo sea el dominante.

El hemisferio izquierdo es esa parte de nuestra mente que nos lleva al pasado para sufrir por lo que pasó, o se traslada al futuro para preocuparse por lo que pueda pasar, es el parloteo constante, esa vocecilla interna que no cesa; «cuidado con esto», «¿qué vas a hacer ahora?», bla, bla, bla…

El hemisferio derecho, por el contrario, sabe estar en el momento presente, disfrutar el momento presente, es el aquí y ahora, es el hemisferio que nos conecta con la vivencia, el sentir. Cuando él domina, podemos disfrutar de los momentos, de los instantes de magia, es ese sentimiento de ser «feliz sin razón»; de repente, te embarga una sensación de bienestar, de felicidad; experimentas un estado de profunda satisfacción interior que procede de una conexión con tu propia naturaleza, no de la felicidad producida por la consecución de algún objetivo. La clave de la felicidad es descubrirla en cada momento, no esperar a que llegue por el logro de alcanzar una meta.

Cada vez que utilizas ho'oponopono te estás conectando con el hemisferio derecho y te embarga esa felicidad, ese bienestar interno, eres capaz de centrar tu atención en el momento presente y disfrutarlo.

Parte del origen del sufrimiento humano se basa en la actividad incesante de la mente. Esta insiste en mantenernos ocupados con hechos pasados, o angustiados por la incertidumbre del futuro.

Atrapados en este mundo de ideas, somos incapaces de atrapar (y disfrutar) el momento. ¿Por qué es importante saber disfrutar el ahora?

Porque *la presencia* permite ser consciente, y estar consciente es comunicarse con la Fuente, o con Dios, o como quieras llamarlo. Este contacto, fugaz muchas veces, permanente para los maestros, nos acerca a todas nuestras potencialidades. Quien está presente, afina su intuición y sabe distinguir lo verdadero de lo que no lo es. Aquel que disfruta cada momento es más feliz y se arrepiente menos, pues entiende que equivocarse es parte del aprendizaje. Estar presente es emocionarse con un abrazo, con el canto de un pájaro, o con una puesta de sol.

Una vez tomada la decisión de ser amigos del momento presente, no tardaremos en ver los resultados. La vida se torna amable, la gente y las circunstancias cooperan en nuestra felicidad.

Pero ocurre que a veces el momento presente es visto como un enemigo. Esto pasa cuando nos quejamos de nuestra vida, maldecimos lo que sucede o ha sucedido, odiamos lo que hacemos y nuestro diálogo interno está lleno de negatividad. Entonces convertimos la vida en nuestra enemiga, y tu realidad externa reflejará esa creencia, experimentarás la vida como algo hostil...

Piensa que cuanto más te preocupas por algo, no solo sufres, además le estás dando fuerza para que eso que NO quieres entre en tu realidad. En esta civilización loca hay personas que en su vida ya no tienen esa experiencia del ahora, del sentirse «feliz sin razón», de la percepción de la belleza, de la paz interior. Les falta todo eso y sucede en aquellas personas en que el ruido mental no se interrumpe; esto ocurre cuando el ego ha tomado el control.

> El ego es un falso yo con el que el individuo se identifica y por el que se siente separado. Al ser tan solo una creencia, el ego no es una realidad, es un falso sustituto del Ser verdadero que Dios creó. El ego es un sistema de pensamiento demente que hace que surjan, la culpa y el miedo, como sus testigos preferidos. Toda la acción del ego es guerra, no hay paz donde el ego actúa.
>
> UN CURSO EN MILAGROS

La mente es un velo opaco que deforma la realidad y, si nos descuidamos, nos quita la paz. Si no tomamos distancia de nuestra mente, terminaremos reducidos a lo que pensamos: acabamos identificados con nuestros pensamientos y ya no vivimos, sino que *somos vividos* por ellos. Somos lo que pensamos.

Pero es posible acallar la pesada voz que habla sin parar desde nuestra cabeza, el ego; es posible ir más allá del pensamiento. Sé como un niño otra vez, los niños viven en el presente, no se lamentan por el pasado, ni se preocupan por el futuro, los niños saben ser felices, disfrutar del ahora, el único momento que hay. ¿Cómo puede la humanidad seguir viviendo sin amor y sin poesía, sin alegría y sin celebración, sin paz...? Hemos dejado que la mente y su parloteo constante, el ego, nos domine, ya es hora de cambiar.

Con ho'oponopono aquietas la mente, sabes disfrutar del momento presente, pensar puede ser una adicción... *El universo entero se somete a una mente sosegada.*

Ho'oponopono es amor

Estás atrayendo todo lo que llega a tu vida, esas memorias dolorosas y creencias limitantes, almacenadas en tu mente subconsciente, atraen todo a tu vida. Cada vez que utilizas ho'oponopono estás *limpiando*, estás *borrando* esa programación negativa.

No hace falta que sepas qué se *borra* de ti, qué estás preparado para *soltar*, lo importante es que lo vas haciendo y vas sanando tu subconsciente, y cuando tú te sanas, tu realidad también se sana, incluidas las personas que están en tu realidad.

Tus problemas proceden de pensamientos que están influenciados por memorias dolorosas del pasado que se repiten de nuevo en ti en el presente. Ho'oponopono es una vía para liberar la energía de esos pensamientos dolorosos que causan desequilibrio y enfermedades en todos los niveles, ya sean espirituales, mentales, emocionales, físicos o materiales.

Cada vez que utilizas, «gracias», «te amo», o cualquiera de las herramientas de ho'oponopono, estás asumiendo el 100% de responsabilidad de estas memorias y dando permiso a la Divinidad para que borre estas memorias, a través de un proceso de limpieza, de arrepentimiento, de perdón. Finalmente la transmutación de estas memorias se produce y queda a cero, en vacío, por parte de

Dios, desplazando esa memoria con inspiraciones, dándote lo que es correcto y perfecto para tu propia existencia, no solamente para ti sino también para todos los que te rodean, sustituyendo estas memorias con paz interior.

Piensa que ho'oponopono no solo va a mejorar tu vida, también las vidas de las personas que están en tu realidad.

Las personas con las que mantienes vínculos afectivos, también con ellas compartes memorias y recuerdos. Lo que se borra de ti se borra también en los demás. Verás muchos cambios en tus personas queridas pero en realidad no cambian ellos, cambias tú. ¿Difícil de entender? Quizá, pero te aseguro que lo vas a comprobar por ti mismo y profundizaré en este concepto en uno de los próximos capítulos.

Con ho'oponopono no intentamos convencer de nada al subconsciente con afirmaciones o visualizaciones, damos amor al subconsciente y el amor lo cura todo, la emoción más poderosa es el amor, cuando mueves la energía del amor estás activando un poder realmente mágico.

Cuando repites «gracias» o «te amo» estas amando tus problemas, tus memorias, tu programación negativa. Ya no te resistes, no luchas, *lo que resiste persiste,* aceptas lo que hay en este momento en tu realidad. No se trata de resignación, claro que quieres solucionar tus problemas, pero primero hay que aceptarlos, entonces los problemas se van, y esta aceptación está implícita en la técnica de ho'oponopono

En realidad, gracias a las dificultades podemos madurar, adquirir experiencia y descubrir muchas destrezas y talentos que ni sabíamos que teníamos.

La aceptación es la *ley del mínimo esfuerzo.* La naturaleza funciona con una gran facilidad, libre de esfuerzos y una despreocupación tranquila.

Es propio de las estrellas relucir, sale el sol cada mañana, las flores resurgen en primavera y es propio de los niños ser felices.

Asimismo, es propio de nuestro poder, como seres hechos a semejanza de la Divinidad, que nuestros sueños se manifiesten en nuestra realidad, no permitas que ese poder siga dormido, no insultes a tu potencial.

La *ley del mínimo esfuerzo* tiene integrados dos conceptos importantes:

— Aceptación: en este momento todo es como debe ser, porque el Universo siempre es como debe ser, no luches, *lo que resiste persiste*.

— Responsabilidad: todos los problemas son oportunidades para crecer, cuando tengas un problema mira qué te está diciendo el Universo, qué aprendizaje hay, qué bendición puede esconderse detrás de ese problema, qué oportunidad se está presentando.

Todas las cosas que combatimos no hacen más que debilitarnos e impedir que podamos vislumbrar la oportunidad que implica el obstáculo.

Mucha gente usa la estrategia del avestruz tratando de ignorar los problemas y esperando a que los contratiempos se solucionen por sí mismos. La realidad es que los problemas no se solucionan solos, hay que mirarlos de frente, aceptarlos, dejar que nos transmitan su aprendizaje y ellos solos se irán.

Todo pasa por algo, nada absolutamente es casual, NO existe la casualidad. Despierta y sé consciente de que todo tiene una causa y que todo son señales del UNIVERSO. Un problema puede ser la oportunidad para crear algo nuevo y hermoso, y un tirano o verdugo el mejor maestro.

No hay enemigos, la angustia, el dolor y la enfermedad son aliados que nos muestran un error que es necesario comprender. Ama la luz y ama la oscuridad. Ama aún tus problemas, porque mientras te lamentas y te quejas les das aún más fuerza para que entren y se instalen en tu realidad.

Conectarte con la Divinidad

Solo haciéndonos semejantes a Dios podemos conocer a Dios, y hacernos semejantes a Dios es identificarnos con el elemento divino que en realidad constituye nuestra naturaleza esencial pero del que, en nuestra ignorancia, casi siempre voluntaria, preferimos seguir siendo inconscientes.

ALDOUS HUXLEY

Hay algo superior que lo ha creado todo, existe una energía suprema, inteligente, que ha creado el universo.

Puedes llamarle Universo, la Fuente, Dios... llámalo como desees según tus creencias. Yo cuando lo llamo Dios no lo hago con ningún tinte religioso, en realidad pienso en algo superior que se identifica con la energía suprema, el AMOR.

Sé consciente de que naciste para manifestar la gloria que llevamos dentro como seres hechos a semejanza de Dios. Tú eres amor, eres luz, y tienes el derecho de brillar.

Sin embargo, nos infravaloramos continuamente; ¿quién soy yo para ser brillante, bello, exitoso, feliz? Si pensamos que somos seres indefensos y sin ningún poder, eso es lo que vamos a manifestar.

Eres un ser hecho a semejanza de Dios y este Dios te ha dado libre albedrío para manifestar lo que desees en tu vida, somos seres creadores, y tu misión es volver a encontrarte con el Dios que tú eres.

Somos luz, pero la «basura» que tenemos dentro de nosotros, no nos deja brillar.

Ho'oponopono es una petición a la divinidad para que te ayude, porque puedes caminar solo por la vida, intentar tú solo resolver tus problemas o darle tus problemas y los de los demás a ese algo superior que lo ha creado todo, *utilizar ho'oponopono es caminar al lado de Dios.*

Esa energía divina sabe lo que es correcto y perfecto para ti, conoce mejor que nadie como resolver tus conflictos, porque entiende de dónde vienen, dónde se crearon, pero Dios, Universo, o como lo llames, no puede hacer nada si no le das permiso, y cada vez que estás repitiendo, «gracias» o cualquiera de las otras palabras de ho'oponopono, estás permitiendo a la Divinidad que te apoye en tu vida, te asista, te proteja. ¿No es maravilloso?, ¿te parece irreal?, lo comprobarás por ti mismo.

Solo hay algo que te separe de Dios: las memorias.

Y ho'oponopono *borra* esas memorias.

La Divinidad está siempre muy cerca, dispuesta a brindarte el apoyo que necesitas si se lo pides. Recuerda, Dios te ha dado libre albedrío, así que debes solicitar su colaboración. Debes darle permiso para que te ayude, y esa ayuda llega SIEMPRE.

Todo puede fluir y salir mucho mejor si simplemente nos abandonamos y confiamos en el Universo, podemos cocrear con la Divinidad, en esto consiste nuestro libre albedrío, decidir colaborar con la energía natural de la vida y dar un paso enorme en dirección a la felicidad.

El ser humano es capaz de conseguir de una forma automática e instantánea la colaboración de todas las fuerzas existentes en el Universo y lograr más de lo que pueda soñar.

Puedes sintonizar con la energía de la fuente, así que deja que la energía divina fluya a través de ti y prepárate para ver en tu vida un auténtico espectáculo de magia. **Conéctate con los milagros.**

Nos creemos separados, aislados incluso,
y esa es la causa de nuestro sufrimiento.
Pero la realidad exacta
es que estamos envueltos,
entretejidos
y, en último término,
hechos de dios.

3

Dios no es tu sirviente

El signo más evidente de que se ha encontrado la verdad es la paz interior.

AMADO NERVO

CUANDO utilizamos ho'oponopono no lo hacemos para obtener un resultado concreto como obtener dinero, un puesto de trabajo, una pareja...

El objetivo de ho'oponopono es alcanzar el más ansiado tesoro, *la paz más allá del entendimiento.* Tú puedes estar en paz tengas o no pareja, trabajo, salud... y esta es la verdadera felicidad, es ese sentirte feliz sin ninguna razón concreta, cuando sientes paz interior, la felicidad te alcanza.

¿Y sabes qué ocurre si te sientes en paz, a pesar de que tus circunstancias externas no sean cómo querrías?

Que lo que quieres te llega, ESO o ALGO MEJOR.

Porque tu estado mental es el perfecto, tu vibración la adecuada, no luchas, *aceptas* y no vives en el temor, *vives en el amor,* no puede ser de otra manera, todo lo bueno irá a ti, recuerda que cuanto más te preocupas, más alejas lo que quieres, cuanta más paz sientes internamente, a pesar de tus circunstancias externas, más lo acercas.

Por ello, al practicar ho'oponopono no pedimos un resultado concreto ni tenemos expectativas, la única expectativa debe ser:

Lo correcto y perfecto vendrá a mi vida.

Se trata de abrirse al campo de infinitas posibilidades, lo que se conoce como *ley del desapego.*

La ley del desapego significa fluir con la vida. Si tú quieres algo, es perfecto, es bueno tener metas y objetivos pero ábrete a infinitas posibilidades porque nosotros no vemos todas las posibilidades, el universo sí. Quizá crees que un determinado trabajo es el ideal para ti, o una determinada pareja pero ¿y si hay algo mejor que te espera?

Ho'oponopono te da ese «algo mejor» y cosas que ni siquiera imaginas irán a tu vida.

Has de entender que no sabemos nada, nuestra mente consciente no está hecha para saber, sino para elegir, solo procesa el 5% de la información, y aun así creemos saberlo todo, pensamos que nuestro conocimiento es mayor que el de la Divinidad y optamos por tratar de resolver todo solos, a través de la mente; sin embargo, hay otro camino mucho más sencillo.

Por eso la única petición tiene que ser *que lo mejor, lo más adecuado para mí, venga a mi vida.* Dios ya sabe lo que es correcto para ti, el universo ve todas las posibilidades y oportunidades, nosotros, no. Él te va a dar mucho más de lo que crees, ponte metas y objetivos pero fluye con la vida y si llama a tu puerta algo maravilloso que te hace girar un poco en el camino que habías trazado, da ese giro con alegría y ve a por ello.

Abandona la lucha constante, fluye con la vida y deja de oponerte a los signos del espíritu.

Además hay un problema cuando pensamos en lo que queremos, y terminamos pidiendo desde el conformismo, el miedo, la escasez y la conciencia de no merecimiento.

No nos atrevemos a pedir lo que realmente deseamos por miedo a no conseguirlo, no vemos cómo podemos alcanzar ese sueño, así que ni lo intentamos.

Cuando somos pequeños nos pintamos los labios color carmín, nos disfrazamos con las mejores galas de nuestra madre y soñamos que somos princesas, la madurez no debe ser nunca una excusa para dejar de soñar y creer en lo «imposible».

O incluso pedimos lo que los demás quieren para nosotros o lo que consideran correcto, el mayor obstáculo para hallar el talento, es el pensamiento continuo de lo que *deberíamos* hacer o ser.

No nos atrevemos a salir de la zona de confort por miedo y perseguir nuestros verdaderos sueños.

En la zona de confort uno tiene la sensación de que puede controlar lo que sucede, y además está la idea de significancia, nos sentimos importantes porque controlamos o dominamos algo.

Pero todos tenemos un elemento genético que de alguna manera está dentro de nuestra esencia, tenemos la capacidad de trascender el umbral de lo conocido y entrar en lo desconocido.

El cerebro humano está absolutamente preparado para la incertidumbre porque aumenta su espíritu explorador, su capacidad de atención, su creatividad.

No hay que tener ningún temor. El Universo cuando más te apoya es cuando te centras en tu verdadera pasión. ¿Qué te pide tu corazón?, ¿qué quiere tu alma? No tu mente, tu alma.

Sigue esa llamada y la Divinidad te va a ayudar. Yo he comprobado que cuando sigo la llamada de mi corazón es cuando el Universo más me apoya, así que persigue tus sueños, *borra* en el camino y ábrete a los milagros.

Además, cuando una persona practica ho'oponopono surgen ideas, se descubren talentos, se conecta con su Ser.

El apego excesivo en la vida puede ser perjudicial, puede que delante de ti pasen oportunidades magníficas que ni siquiera veas por estar apegado a un resultado concreto.

Tu único trabajo es *soltar, borrar,* y lo que quiere tu Ser llamará a tu puerta. Quizá es algo distinto de lo que ahora *crees* que quieres, si es algo diferente es porque será mejor.

Cuando estás abierto y fluyes con la vida, eres capaz de vivir en la *maravilla de la incertidumbre,* te abres a la magia de la vida, y estás atento a las señales, no se te escapan los mensajes que el Universo te envía porque estás *despierto,* estás esperando a que la vida te sorprenda y el Universo responde a ello.

Todo pasa por algo, ya lo dijo Einstein:

Dios no juega a los dados, el azar no existe.

No visualices nada, no te apegues a ningún resultado específico, recuerda que aquello donde pones tu atención mental ya lo estás creando; *aquello donde pongo mi atención se expande, aquello donde quito mi atención desaparece,* por ello ponte metas, pero deja una puerta abierta para que ese «algo superior» te haga regalos inesperados.

Paradójicamente y, según mis vivencias, cuando «sueltas» lo que deseas, recibes más de lo que jamás habías soñado. El apego excesivo es perjudicial, apego es igual a necesidad y la necesidad va con el miedo de la mano, y desde la vibración del miedo no atraerás algo positivo para ti. Confía, *borra* y prepárate para recibir grandes recompensas.

Hay que evolucionar hacia la alegría de encontrarse con las infinitas posibilidades que se abren ante nosotros.

Así que, en el proceso de limpieza de ho'oponopono, pon cero expectativas, lo correcto y perfecto irá a tu vida, tenlo por seguro, todas tus necesidades estarán cubiertas y recibirás mucho más de lo que ahora puedas ni soñar.

Los llamados milagros existen, y los podemos experimentar si nos dejamos llevar por la corriente de la vida.

El hombre más feliz del planeta

Nos hemos acostumbrado a creer que la felicidad es una especie de competencia olímpica para tener más, ser más exitoso, sentir más placer y hacer más cosas...

El hombre más feliz del planeta es un individuo que vive en una celda de dos por dos; no es dueño ni ejecutivo de ninguna de las compañías del Fortune 500; no tiene relaciones sexuales desde hace más de treinta años; no vive pendiente del móvil ni tiene Blackberry; no va al gimnasio ni conduce un BMW; no viste ropa de Armani ni Hugo Boss; desconoce tanto el Prozac como el Viagra o el éxtasis, y ni siquiera toma Coca-Cola. En suma: el hombre más feliz del planeta es un hombre que no tiene dinero, éxito profesional, vida sexual, ni popularidad.

Su nombre es Matthieu Ricard, francés, occidental por nacimiento, budista por convicción, y el único entre cientos de voluntarios cuyo cerebro no solo alcanzó la máxima calificación de felicidad prevista por los científicos (−0.3), sino que se salió por completo del «felizómetro»: −0.45. Los 256 sensores y decenas de resonancias magnéticas a las que Ricard se sometió a lo largo de varios años para validar el experimento no mienten.

Allí donde los niveles en los simples mortales es muy alto —estrés, coraje, frustración—, en el cerebro de Ricard, estas sensaciones negativas sencillamente no existen. Por el contrario, ahí donde la mayoría de voluntarios mostró bajísimos niveles —satisfacción y plenitud existencial—, Ricard superó todos los índices, dando origen al título de «el hombre más feliz del planeta».

La verdadera felicidad está dentro de ti, no reside en apegos externos a cosas o personas, nada puede proporcionarte más felicidad que un estado de paz interior. Tú puedes conquistar esa paz a través de ho'oponopono.

No es solo paz, es libertad. Siempre habrá la posibilidad de un mejor sueldo, un mejor coche y está bien desear objetivos, pero no te apegues en exceso a ellos porque ya no serás libre.

4

¿Qué hago cuando aparece un problema?

No le digas a Dios cuán grandes son tus problemas dile a tus problemas cuán grande es Dios.

C UANDO aparece una situación conflictiva tendemos a preocuparnos, nos enganchamos al problema y dejamos que nuestro hemisferio izquierdo nos vuelva loco.

Sé consciente de que cuanto más te preocupas, más estás empeorando la situación, *cuanto más me centro en lo que NO quiero, más lo atraigo.*

Por lo tanto deja de preocuparte, de emitir una vibración negativa, esto no ayudará, al contrario, empeorará la situación.

Cierto es que ante el dolor es difícil ser ecuánime y mantener la calma, pero puedes hacer otra cosa que te ayudará a superar el obstáculo, *borrar, soltar* y dejar el problema en manos de Dios, el Universo... la mente no va a resolver la situación problemática, Dios sí puede hacerlo, es de vital importancia que cuando tengas un problema: *borres.*

Normalmente esto es lo que hacemos cuando aparece un problema:

PREOCUPARNOS Y ATRAER AÚN MÁS PROBLEMAS.

Es decir, cuanto más pensamos en el problema, más grande lo hacemos, lo ideal para atraer algo que no quieres a tu vida es preocuparte, no lo dudes, eso que NO quieres irá a tu vida.

Dicen que nunca aparece un problema sin que otros dos les acompañen, todos vienen en tríos.

Recuerda la *ley del mínimo esfuerzo*, aceptar las cosas como son. No hay lucha, no hay combate, *lo que resiste persiste*, acepta que todo «ahora» es como debe de ser, reacciona con una sonrisa en cualquier circunstancia

Debes entender que tú eres el responsable, observa que digo responsable no culpable, acepta que creaste ese algo, cosa o situación, no sabes cómo, pero lo creaste. Además, al aceptarlo no culparás a nadie, tampoco a ti, eso es evolución.

Mira las situaciones conflictivas como oportunidades, el problema es una experiencia cuyo único fin es averiguar si estás preparado o eres capaz de ver una enseñanza. Las adversidades son experiencias que te ayudarán a alcanzar tu único objetivo en esta vida: tu evolución. Recuerda esto porque es muy importante:

> Si ves la enseñanza que hay detrás de un problema, ya nunca volverá a repetirse esa situación.

Incluso cuando afrontamos los grandes retos de nuestra vida, descubrimos que nuestras creencias limitantes quedan expuestas y entonces pueden ser sanadas.

Como se dice en ho'oponopono, cada problema, relación conflictiva… es una oportunidad de sanar lo que hay en ti que ha creado ese conflicto. La pregunta es:

> ¿Qué hay en mi que ha creado esta situación?

No lo sabrás (¿una creencia limitante?, ¿una memoria dolorosa heredada de ancestros o incluso de otras vidas?… quién sabe), pero te haces responsable para borrarlo y que no vuelva a provocar situaciones indeseables en tu vida.

Aprender las lecciones es vivirlas en paz y sin dramas emocionales, hasta que llega ese momento todo se repite una y otra vez sin descanso.

Por lo tanto, aceptar los problemas conscientemente es difícil, pero tienes ho'oponopono para hacerlo.

Cuando aparece una situación conflictiva en nuestra vida, tendemos a *reaccionar*. De acuerdo, es lo que hemos aprendido a hacer y nos resulta difícil *soltar,* nos es más fácil preocuparnos, enfadarnos y culpar a algo ajeno a nosotros.

Es hora de que empieces a actuar de otra forma si quieres cambiar tu vida. Por eso, hazte un favor y, cuando tengas delante una situación problemática, más que nunca; *¡borra!*

¿Porque sabes qué va a pasar?

Que el problema se para, ya no va a más y la solución está en camino.

Recuerda que ho'oponopono es *guía* y es *protección*, evitas muchas situaciones conflictivas que iban a materializarse en tu vida, que ya no lo harán, ni para ti, ni para las personas que están en tu realidad.

Dios es el único que puede abrir ciertas puertas, el Universo nos coloca en el lugar adecuado en el momento perfecto, pero tenemos que permitírselo y le damos permiso cada vez que utilizamos las herramientas de ho'oponopono.

Entrégale tus problemas a la Divinidad, no te aferres a ellos. Si sigues enganchado a los problemas, es como decirle al Universo que tú solucionarás todo solo, que no confías en él. De este modo no recibirás la colaboración que necesitas.

A la Divinidad hay que dejarle hacer su trabajo, no olvides tu libre albedrío, el Universo solo está esperando una señal tuya para ayudarte, tiene mucho para darte.

La vida se te regala y no pide nada a cambio, puedes tomar la vida y nadar deliberadamente a través de ella, o puedes combatirla. Si optas por pasar tu tiempo luchando, no puedes destinar ese mismo tiempo a disfrutarla.

5

¿Qué ocurre cada vez que repito «gracias»?

Los límites de los sueños están en la mente, el poder para alcanzarlos está en el corazón.

Diagrama del ser humano

La divinidad: Es esa energía superior que lo ha creado todo, nosotros estamos conectados directamente a esa Fuente.

La mente supraconsciente (el padre): La parte de nuestra mente conectada con la Fuente, nuestra parte perfecta.

La mente Supraconsciente es, según nuestras creencias y cultura, el Yo Superior, el Alma, el Ser Espiritual.

Tiene múltiples nombres, pero básicamente estamos hablando de esa parte nuestra que es perfecta, que está más cerca de la Fuente y que SABE todo lo que está pasando.

Pensamos, pero no Somos nuestros pensamientos. Sentimos, pero no Somos nuestras emociones. Actuamos a través del cuerpo, pero no Somos el cuerpo. La mente, la emoción y el cuerpo son vehículos del Ser, pero no son el Ser, lo que realmente somos es Espíritu Puro, sin límites, sin definiciones y lo único que podemos decir de nosotros es: «Yo Soy».

Esa parte de ti que está más cerca de la Fuente no actúa, no crea, no reacciona; simplemente, Es.

En ho'oponopono se llama el «Estado 0». En Zen se llama un estado de Iluminación.

La mente consciente (la madre): También tenemos nuestra mente consciente, la parte de nosotros que, por ejemplo, utilizas cuando lees este libro.

Es la parte nuestra que ELIGE, no fue creada para saber, recuerda que solo procesa el 5% de la información y su conocimiento es limitado.

Pero sí fue creada para elegir y lo hace todo el tiempo, de tus elecciones dependerán tu vida, por lo cual es muy importante.

La mente subconsciente (el niño): Y por último, el Subconsciente. El Subconsciente es donde nosotros guardamos todos los patrones de pensamiento repetitivos acumulados a lo largo de milenios y milenios de evolución, donde están tus memorias, donde está tu» basura».

El subconsciente es la parte de tu mente que ATRAE.

La mente consciente extrae información de nuestro subconsciente y la usa para su día a día, para analizar, razonar, deducir y, finalmente, decidir. La mente intelectual solo puede operar basándose en la información que toma del subconsciente. Nuestra mente intelectual no tiene ni un solo pensamiento original. Está todo basado en la información que el subconsciente le aporta.

Tus patrones de comportamiento se basan en lo que extraes del subconsciente.

En realidad, todo lo que nosotros hacemos está condicionado por la mente subconsciente; por esos patrones heredados, por esos patrones de comportamiento, por esos pensamientos repetitivos que hemos convertido en creencias, por esas memorias.

Nuestra mente consciente, recuerda, no sabe demasiado, pero tiene un papel muy importante porque es la que ELIGE entre:

— *Luchar:* elegimos preocuparnos por el problema y hacerlo aún mayor.

— *Soltar:* dejar el conflicto en manos del Universo, en manos del campo de infinitas posibilidades, para obtener la solución adecuada.

Tú has sido sabio y has decidido *limpiar*, una vez que el intelecto decide tomar 100% responsabilidad, algo parecido a una orden va al niño interior.

El niño interior es el que hace la conexión con nuestra mente Supraconsciente, esta parte nuestra es perfecta y SABE lo que estamos dispuestos a *soltar, borrar*, para que nuestros problemas se resuelvan. Es como si hiciera un análisis de la situación y decidiera qué debemos eliminar para que los conflictos de nuestra vida se diluyan.

El supraconsciente presenta su petición directamente a la divinidad.

La Divinidad siempre que le pides su colaboración te responde y automáticamente baja a ti *energía mana* (energía divina), que es la que *borra*.

La energía mana automáticamente, eleva tu vibración. Todo es cuestión de vibración, todo vibra, todo se mueve, nada reposa, nuestros pensamientos emiten una vibración que atrae vibraciones afines en forma de cosas, personas, circunstancias.

Hay dos emociones básicas, el AMOR y el TEMOR, el amor es la vibración más alta, el miedo la más baja. La vibración más baja corresponde al terreno de nuestro ego, es el nivel del miedo y, por eso, genera toda clase de problemas. La vibración más alta corresponde al terreno del Espíritu, del Amor, en el cual se producen los milagros.

El resto de emociones o son derivadas del amor, o del temor, la alegría, la paz, la bondad, la comprensión provienen de la emoción del AMOR, el odio, resentimiento, culpa... provienen del TEMOR.

Si eres capaz de estar la mayor parte tiempo en la vibración del amor y sus emociones derivadas, emitirás una vibración alta que atraerá una vida colmada de éxitos, sentirás la alegría que proviene de la conexión con el espíritu.

Si la mayor parte del tiempo estás en una vibración baja, de temor, atraerás más de lo mismo, más odio, más resentimiento, más negatividad, más situaciones conflictivas, lo que atraigas no hará sino aumentar tu malestar.

El pensamiento positivo vibra en alta frecuencia, sus colores son claros, brillantes y luminosos. El pensamiento negativo, en cambio, vibra lentamente y sus colores son opacos.

Por lo tanto, siempre que repites la palabra «gracias», o cualquiera de las otras palabras pertenecientes a la técnica de ho'oponopono, estás elevando tu vibración. Además, estás *borrando* memorias dolorosas. Cada vez que dices «gracias» u otra palabra puedes eliminar cosas distintas, pero siempre te desprendes de algo que necesitas dejar ir para que tus problemas se solucionen y tu vida mejore.

No sabrás lo que estás *borrando,* pero tampoco importa, lo único importante es que elijas hacerlo. La parte perfecta que hay en ti ya sabe qué es aquello de lo que necesitas desprenderte; déjalo en sus manos. Todas las memorias, los programas, están almacenados en el archivo del subconsciente, lo único que debes hacer es *limpiar y soltar.* Automáticamente la petición lleva el curso que debe tomar, es algo que no debe preocuparte.

En todo este proceso las tres partes de la mente están en EQUI-LIBRIO, y es cuando alcanzas el *estado cero*, te sientes en paz y conectas con la divinidad.

En *estado cero* no actúas, no reaccionas, no tienes apenas emociones, simplemente eres paz, iluminación, *paz más allá del entendimiento*.

En ese momento la Divinidad, la Fuente, fluye a través de ti y te conectas con los milagros, los problemas se resuelven repentinamente, las relaciones problemáticas mejoran. Cuando te encuentras en este lugar, estás guiado y protegido. En *cero*, todo es posible y todo puede ocurrir, incluyendo los milagros.

Cuando repetimos «gracias», borramos las memorias que ya no nos sirven. Aceptamos el 100% de la responsabilidad, *soltamos* y dejamos camino libre al Universo para que nos traiga todas las bendiciones que merecemos.

Permitimos que la *Inspiración* ingrese en nuestra vida y nos traiga ideas y soluciones perfectas para nuestros problemas.

Recordemos que cuando *borramos*, creamos un vacio, el cual se llena con *Inspiración*, es decir, con *Información Completa y Perfecta*. Sustituyes las memorias dolorosas por pura luz que proviene directamente de la Divinidad, quien realmente te conoce y sabe exactamente todo lo que está pasando.

* * *

Todo esto ocurre cada vez que dices «gracias», pero no es suficiente repetir mentalmente diez minutos al día y el resto del día estar pensando y preocupándote, pues lo que predominará en tu vida será la preocupación y, por lo tanto, los problemas. Debe predominar el *soltar* y, en consecuencia, las soluciones.

6

Las expectativas

La vida es aquello que te va sucediendo mientras te empeñas en hacer otros planes.

JOHN LENNON

CUANDO empiezas a practicar ho'oponopono, lo que suele ocurrir es que interiormente te sientes en paz, más alegre, te invaden emociones mucho más placenteras.

Cuando cambias por dentro, recuerda, la realidad siempre cambia, porque tú lo creas todo. Como es dentro es fuera; tú sanas, tu realidad sana.

Pero en algunas ocasiones, una persona empieza a utilizar ho'oponopono en su día a día y se siente enfadado, triste, tenso, incómodo...

A veces puede suceder, sigue realizando la práctica; esto tiene una explicación lógica, estás sanando a nivel subconsciente y a veces sueltas «basura» a través del dolor emocional, la tristeza, inquietud... sigue *limpiando* y pasará.

Hay personas que me cuentan que lloran, se enfadan, tienen recurrentes dolores de cabeza... pero en todos los casos es un proceso que dura un breve periodo de tiempo.

Este proceso es la *crisis del cambio*, cuando estás cambiando a nivel subconsciente, eliminando la programación negativa que tantos problemas te ha ocasionado, puedes sentir incomodidad interna. Finalmente todo se pondrá en su sitio y será para tu bien.

A veces en tu vida pueden suceder igualmente cambios externos que puedan parecer perjudiciales, por ejemplo una persona que empieza a practicar ho'oponopono y es despedida de su puesto de trabajo se pregunta: «¿Pero esto no me iba a ayudar?». Entonces sucede que la persona recibe un dinero inesperado y crea un negocio que además era su sueño.

Casos como estos pueden ocurrir, aparece la solución disfrazada de problema. Sigue *limpiando,* jamás nada que sea perjudicial para ti irá a tu vida practicando ho'oponopono.

Con ho'oponopono todas tus necesidades van a estar cubiertas, y mucho más de lo que puedas esperar llegará a tu vida, no lo olvides, pero suelta las expectativas en el proceso de limpieza.

Porque las expectativas también son memorias. Vienen de esa parte nuestra que cree saberlo todo, el intelecto, pero no sabemos tanto como pensamos. Creemos saber cuáles son los resultados correctos y cómo y cuándo deberían suceder las cosas.

Es difícil no tener expectativas pero cuando aparecen, podemos soltarlas y hacer la limpieza de ho'oponopono para estar abiertos, y así permitir que la mejor opción posible aparezca en nuestra vida. Nunca se sabe de dónde pueden venir las cosas cuando dejamos nuestras expectativas, nosotros no vemos todas las posibilidades, el Universo, sí.

Si tienes un problema, tú lo has creado, el problema y la solución están en ti, pero deja de pensar cómo sucederán las cosas, de donde vendrá el dinero, el trabajo... ábrete, no te cierres. He observado que este es un error muy extendido en las personas que practican ho'oponopono, rápidamente crean una expectativa, un apego, piensan «ha de suceder esto y de esta manera».

¡ERROR!

Si estás muy aferrado al resultado, esto es una atadura. Una atadura es una constricción, y automáticamente estás cortando el flujo de lo que te gustaría que pasara.

Por tanto, la limpieza debe ser hecha y no tener expectativas, solo la Divinidad sabe qué es lo adecuado para ti. Lo que sí puedo decirte es que si estás dispuesto a tomar responsabilidad por tus memorias y optas por *limpiar y soltar...* la Divinidad está haciendo su parte, borrando y transmutando memorias dolorosas poniéndolas a cero, creando un vacío, y en este estado de vacío es cuando las respuestas y soluciones llegan sin el menor esfuerzo.

Quizá las soluciones no llegan como las esperabas, o en un tiempo determinado, pero siempre llegan, por ello es muy importante hacer la limpieza de ho'oponopono y confiar que algo se está borrando aun cuando no nos demos cuenta. Hazlo con la inocencia de un niño y desapégate de un resultado específico.

Cuando practicamos ho'oponopono sin esperar resultados concretos, nos abrimos a los milagros.

Nuestra tendencia es analizarlo todo a través de ciertos filtros. Estos filtros son nuestros apegos, creencias, memorias, temores.

La percepción es uno de los elementos más importantes a la hora de crear nuestra realidad. El problema es que no percibimos la realidad, sino únicamente lo que nuestros filtros «contaminados» nos permiten percibir. Cada persona vemos el mundo desde una ventana, cada persona ve aquello que pueden ver según sus filtros, su historia personal, sus creencias, sus memorias...

Pero tú tienes la opción de cambiar de ventana. Crecer y desarrollarse como ser humano es no quedarse paralizado en tu propia ventana, tienes la opción de ver la vida desde múltiples ángulos y puntos de vista. Nos perdemos muchas oportunidades por creer ciegamente en lo que nos dicen nuestros filtros. No olvides que vivimos en un mundo que creamos basándonos en nuestras memorias y creencias.

* * *

No te dejes llevar por las memorias que te dicen cómo deben ser las cosas y ábrete a los milagros. A veces las oportunidades, las soluciones a nuestros problemas, vienen de donde menos lo esperamos, soltando las expectativas es cuando dejas que la Divinidad haga realmente su trabajo.

Ríndete a ese algo superior, confía en el espíritu y deja de pensar tanto. Ríndete, ¿te suena a cobardía?, ¿por qué te empeñas en luchar tanto?, quizá porque te dijeron que en la vida todo se consigue a base de esfuerzo y lucha. FALSO, no hay que hacer casi nada, todo puede darse de forma fácil, por supuesto que será necesario siempre una acción pero una acción sin unirla a la connotación de esfuerzo, una acción alegre, fluida y cantarina.

Ríndete y la vida se pondrá de tu lado, será tu aliada, ríndete... y siente la PAZ del UNIVERSO.

Tenemos que dejar de tener miedo a lo desconocido y evitar el estancamiento que este miedo produce, ábrete a infinitas posibilidades, deja que la vida te sorprenda.

No vivas en la rigidez de lo que «siempre he hecho», dispuesto a hacer solo lo de «ayer». Vivimos dentro de una zona de comodidad donde nos movemos y creemos que eso es lo único que existe, ¡hay mucho más!

Dentro de esa zona de confort está todo lo que sabemos y todo lo que creemos. Convivimos con nuestros valores, nuestros miedos y nuestras limitaciones. En esa zona reina nuestro pasado y nuestra historia. Todo lo conocido, cotidiano y fácil.

Tenemos sueños, queremos resultados, buscamos oportunidades, pero no siempre estamos dispuestos a salir de esa zona de confort. Deja de aferrarte a lo que siempre has hecho, deja el estancamiento que el miedo al fracaso te produce y corre el riesgo de volar más alto...

Vive la vida que tú deseas vivir, vive, no te conformes con sobrevivir. Te lo garantizo, cuanto más valientes seas, más lejos llegarás y más oportunidades entrarán en tu vida,

Los miedos están en la mente, déjalos ir utilizando esta herramienta ancestral de resolución de problemas. En ho'oponopono no hay lucha ni combate, hay aceptación. Si la emoción del miedo te acompaña, no la reprimas, dile «gracias» a tu miedo, practica ho'oponopono porque lo que estás haciendo es poner la mejilla del amor, y el amor lo cura todo.

Recuerda, todo lo que sientes como los miedos, ansiedad, etc., son memorias también, como lo son las expectativas, y no lo puedes evitar, y al aplicar cualquiera de las herramientas de ho'oponopono, estás limpiando y dando permiso para que Dios borre y transmute esa memoria expresada en emoción de miedo, ansiedad, preocupación.

Puedes vivir con pasión, energía, entusiasmo, disfrutar de cada reto y obstáculo, crecer, evolucionar, mejorar, desarrollar tu máximo potencial, y cuando la vida te presente una oportunidad, no dudes ni un instante y a por ello, recuerda que la acción es importante.

7

El efecto dominó

Todo lo que contemplas, aunque parece estar fuera, está dentro, en tu imaginación, de la que este mundo mortal, no es sino una sombra.

WILLIAM BLAKE

El simple hecho de mirar nuestro mundo, proyectar nuestros sentimientos y creencias en las partículas de las que está hecho el universo, cambia las partículas de lo que estamos mirando.

Es decir, como demuestran los últimos estudios de la física cuántica, no hay nada fuera y todo está dentro de tu mente, e incluso las personas que están en tu realidad también son una proyección de tu mente, de tus memorias, de tus creencias, y cuando tú cambias, esas personas cambian.

Todos estamos conectados

Déjame que te hable brevemente de alguno de los conceptos que estudia la física cuántica en cuanto a la creación de nuestra realidad y, especialmente, sobre el hecho de que *todos estamos conectados*. Saca tus propias conclusiones.

El *Big bang* fue la gran explosión de la que nació la materia y la energía, todo lo que somos capaces de observar, desde nuestras manos hasta una lejana estrella, formaba parte de una sola esfera del tamaño de un guisante. Dentro, todas las partículas estaban unidas, conectadas entre sí, entonces surgió la explosión y todas esas partículas se desperdigaron hasta formar el Universo que hoy conocemos. Sin embargo, esa conexión continuó hasta hoy, de tal forma que todo lo que existe está conectado de una manera sutil y profunda.

A esa conexión sutil y profunda la ciencia la llama «entrelazamiento cuántico», y por medio de varios experimentos ha terminado demostrando lo que disciplinas milenarias como el budismo ya decían: la conexión entre todos los seres humanos es tal que lo que le haces a una persona finalmente te lo estás haciendo a ti mismo. Puede que no aprecies conscientemente el efecto de esa acción, pero la reacción vendrá desde un plano superior, no observable por el ser humano, sea amor lo que des u odio, finalmente sentirás el efecto devuelto en ti.

La física cuántica ha demostrado que somos cocreadores de nuestra realidad. La afectamos directamente según nuestro «estado vibracional». Cuando sentimos paz interior, este estado vibracional es alto, cercano al del Amor, que es el más alto, y en ese estado no solo somos capaces de obtener una realidad favorable, sino también de afectar a las personas que nos rodean. Si eres capaz de mantener ese estado, nada ni nadie lo modificará, sin embargo tú afectarás al resto de las personas, haciendo que estas se contagien de tu paz interior cuando extiendes esa vibración alta.

Volvamos a ho'oponopono. Has de saber que compartes memorias con todas las personas que están en tu vida, si no fuese así, no entrarían en tu Universo. Ocurre que con las personas que tienes vínculos afectivos, con tus personas cercanas, compartes *troncos de memorias.*

Lo que ves NO es la persona, es la memoria que tienes de esa persona, recuerda la pregunta que has de hacerte:

¿Qué hay en mí que ha creado esta relación problemática, esta enfermedad en esta persona, qué hay en mí que ha creado *esto?*

No lo sabrás, recuerda que muchas de nuestras memorias vienen de nuestros ancestros e incluso de otras vidas.

Lo importante es que cuando *borras,* lo que se borra de ti se borra de los demás, y entonces ves cambios, mejoras, en las personas que están en tu realidad, pero no son ellas las que cambian, *tú eres quien cambia.*

Por ejemplo, si tu pareja se comporta contigo de forma autoritaria es porque dentro de ti hay una creencia que dice: «Los hombres son autoritarios», por lo cual, de forma inconsciente, le estás pidiendo a tu pareja que se comporte como una persona autoritaria para encajar dentro de tu realidad; tú eres el rey de tu universo y tú pones las normas.

Por lo cual es como si le pides a tu pareja que se comporte según tu concepto de los hombres. Y él lo acepta.

En el momento que dejes de considerar que los hombres son autoritarios, tu pareja cambia de comportamiento, ya no necesita amoldarse a tus creencias negativas, crees que esa persona ha cambiado, pero no, has cambiado tú.

Lo que se borra de ti se borra de los demás.

Lo mismo ocurre con los terapeutas. En ho'oponopono se dice:

Si no hubiera médicos, no habría enfermos.

¿Por qué?, ¿qué necesitan los médicos para ganarse la vida? ¡Enfermos!

Si delante de ti se sienta una persona enferma que ha venido para que le ayudes en su proceso de sanación, tú, como terapeuta, en otro plano, has dicho a esa persona:

«Yo soy terapeuta, me tengo que ganar la vida y quiero ayudar a las personas, por lo cual, ¿podrías entrar en mi realidad enfermo, para que yo pueda ayudarte a sanar?», y ese paciente ha estado de acuerdo.

Como terapeuta necesitas pacientes enfermos y, de alguna forma cuyo entendimiento no está al alcance de nuestra mente consciente, has creado la enfermedad de tu paciente, porque si esa persona no tuviese una enfermedad, tú no podrías ser terapeuta, ese paciente ha aceptado entrar en tu realidad enfermo, podría no haberlo hecho, pero lo ha hecho.

No tienes ni idea de por qué sucede esto, algo que es tan difícil de entender con el intelecto. Recuerda que no sabemos nada, que no es culpa de nadie, son solo *memorias* y todo ocurre a nivel subconsciente.

Con Ho'oponopono liberas tus pensamientos que han creado la enfermedad de la otra persona. Cuando tú sanas los pensamientos que han originado la enfermedad de esa persona, esa persona sana. Lo que se borra de ti se borra de la persona, se borra de tus parientes y ancestros y, a cambio, recibirás lo que es perfecto y correcto para tu propia existencia y para cada uno de las personas que están en tu realidad.

Los terapeutas piensan que han venido a ayudar a los demás, pero en realidad han venido a sanarse ellos mismos; cada paciente es una oportunidad de *borrar*, de sanar lo que hay en ellos que ha creado enfermedad.

Cada vez que *borras, limpias, sueltas*, estás sanando tu realidad que incluye a las personas que viven en ella.

Este punto puede resultar complicado de entender para la mente lógica, pero todo es una proyección de la mente, no hay que sentirse culpable, no lo haces conscientemente, pero tú creas tu realidad, incluyendo a las personas que están en tu Universo.

Solo has de asumir el 100% de responsabilidad y eliminar las memorias dolorosas que compartes con las personas que están en tu vida.

Hago hincapié en que elimines la culpa de tu vida, es un sentimiento dañino e innecesario. La culpabilidad es en nuestra cultura una herramienta muy útil para manipular a las personas y una inútil pérdida de tiempo. Parece que nos tengamos que sentir culpables por todo, tú no eres culpable de nada, tú siempre has hecho lo correcto, cada cosa que has hecho era la más apropiada en ese momento para tu evolución, actuaste de acuerdo con tu nivel de conciencia de aquel tiempo; si hubieras estado más despierto, hubieras actuado de otra forma.

Gracias a eso que «hiciste mal» te has dado cuenta de que no quieres volver a actuar de esa forma, por lo tanto haces el propósito en una próxima ocasión de no actuar de la misma manera, esto es evolución consciente.

Si te sientes culpable por algo que hiciste, eso te ocasionará sufrimiento e incluso desearás un castigo que te redima, y eso atraerás a tu vida.

En el momento que se instala la culpa, se pasa a vivir en el estado de constante tensión: «He sido malo y merezco ser castigado». Miedo, angustia, malestar... vivir en ese estado es tan dañino que el ser humano pasa a buscar el castigo para acabar con la horrible espera, y así atraemos todo tipo de problemas, nos boicoteamos a nosotros mismos.

Si se tiene culpa no se soporta ser feliz, nos sentimos sucios, culpables y merecedores del castigo de Dios.

Olvídate de las normas sociales, de las religiones y de todas las mentiras que te han dicho sobre lo pecador que eres, ten muy claro que ese Dios tiene una única ley y es que aprendas el camino del amor a través de los errores que puedas cometer en tu vida, es su regalo del libre albedrío para que adquieras la comprensión, el aprendizaje, la evolución y la ascensión.

Te aconsejo que no pronuncies nunca la palabra culpa, ni para ti ni para los demás, de esta forma irás eliminando este sentimiento dañino y grabarás en tu subconsciente una nueva verdad mucho más positiva. Eres responsable de todo lo que ocurre en tu vida, todos lo somos, pero no somos culpables de nada, cada persona actúa como puede según sus creencias, grabaciones, memorias… según «la ventana» en la que se encuentra y desde la que percibe su realidad.

Puedes sentirte en paz, totalmente a gusto con tu actuación en la vida, no sientas culpa ni miedo, y espera un premio, eso es lo que te mereces, con ho'oponopono irás adquiriendo esa paz y recibiendo esos premios.

8

La práctica de ho'oponopono

El verdadero practicante debe ser un soldado que combate incesantemente contra sus enemigos interiores.

Dalái Lama

Espero que la explicación de por qué funciona ho'opono-pono te haya sido de utilidad, es importante entender que cada vez que utilizas cualquiera de las herramientas de esta técnica ancestral, estás poniendo tus problemas en manos del Universo, y Él te va a ayudar SIEMPRE.

No es necesario repetir con fe las palabras de ho'oponopono.

Por ejemplo, cuando se practica la ley de la atracción, uno de los elementos necesarios para atraer algo que desees a tu vida es la fe absoluta de que eso que quieres va a materializarse en tu realidad, tu mente consciente y tu mente subconsciente están totalmente convencidas de que lo que pides al Universo irá a tu vida, no hay ninguna creencia limitante al respecto, lo das por hecho. En la mayoría de las ocasiones esa fe absoluta en atraer nuestras aspiraciones más soñadas es difícil de sentir para el ser humano, nos resulta mucho más sencillo y habitual depositar nuestra fe en un resultado desfavorable, debido a toda la programación negativa que se halla en nuestro subconsciente.

Al practicar ho'oponopono basta con que confíes en que algo pasará (no sabes qué ocurrirá exactamente y en qué momento), pero si lo haces sin esta confianza, es posible que te olvides de *borrar* y vuelvas a caer en tus viejos hábitos de preocupación, angustia... Lo que estás haciendo es muy potente, sé consciente de ello y practica, porque puede que desistas un instante antes de que ocurra el milagro.

Antes de enseñarte las herramientas de ho'oponopono, voy a aclarar unos puntos importantes que te permitirán aplicar esta técnica de la manera correcta.

Recuerda que las cuatro palabras principales de ho'oponopono son: «LO SIENTO, POR FAVOR PERDÓNAME, GRACIAS, TE AMO».

No es necesario que repitas las cuatro palabras juntas, con repetir una de ellas es suficiente, tampoco es importante el orden de las palabras, repítelas como te nazca hacerlo.

Cualquier herramienta de ho'oponopono, cualquier palabra es como decir: *«Lo siento por aquello que hay en mí que ha creado esto».*

No se trata de culpa, se trata de tomar el 100% de responsabilidad, reconocer que hay algo en ti, no sabes qué es ni de dónde ha surgido, pero la cuestión es que está creando una situación conflictiva y tú te haces responsable para *soltarlo* y dejarlo ir.

Las palabras se repiten mentalmente, no es necesario decirlas en voz alta. Cuando comiences a practicar puede ser que mezcles pensamientos con la repetición mental de las palabras, no importa, sigue adelante hasta que adquieras el hábito de «parar» la mente y ser capaz tan solo repetir la palabra o palabras.

No visualices nada mientras reproduces cualquiera de las palabras, no servirá. Dios ya sabe qué ha de borrar en ti, sabe desde qué pensamiento o memoria se originó el problema, tan solo repite y ten cero expectativas. No tienes *que enfocarte en nada o nadie,* o visualizar, tu única tarea para liberarte de la basura, de los programas que bloquean tu verdadera Identidad, es a través de la limpieza constante, momento a momento, puesto que la mente subconsciente está constantemente tocando y repitiendo una y otra vez memorias del pasado como problemas o recuerdos que experimentas en tu vida diaria.

No es necesario sentir amor, gratitud... al repetir mentalmente la palabra o palabras con las que practiques, si te nace una emoción positiva recógela y disfrútala, la verdad es que suelen aparecer emociones positivas la mayor parte del tiempo cuando practicas ho'oponopono, me refiero a que no la busques conscientemente, puedes decir mentalmente «gracias» estando enfadado, triste o sintiendo cualquier emoción negativa y sirve exactamente igual.

Repite las palabras todo lo que puedas durante el día, cualquier momento es bueno. En ho'oponopono no basta con practicar treinta minutos al día y el resto de la jornada estar preocupándote, quejándote... pues eso es lo que predominará en tu vida, la preocupación y, por tanto, atraerás más problemas. La práctica de ho'oponopono es un trabajo constante. Cuanto más *limpias,* más memorias sanas y situaciones maravillosas empezarán a entrar en tu vida.

Se dice que ho'oponopono es un trabajo de veinticuatro horas, realmente nadie puede estar *borrando* veinticuatro horas, pero sí podemos dedicarle mucho tiempo durante el día integrando la práctica en nuestra rutina diaria.

Antes de dormirte, justo esos momentos previos al sueño, *borra* para que tu subconsciente siga trabajando en la limpieza.

Ho'oponopono no se utiliza únicamente cuando hay un problema. Puede parecer que todo está bien en tu realidad, pero las memorias dolorosas están ahí y en cualquier momento salta una de esas memorias y aparece el problema. Recuerda, ho'oponopono *es guía y es protección,* así que problemas que podían aparecer en tu vida ya no lo harán.

Vamos a ver ahora algunas de las herramientas de ho'oponopono que puedes utilizar, y otras palabras incluidas en la técnica, además del: «Gracias, Te amo, Lo siento, Por favor, perdóname».

Herramientas ho'oponopono

Conexión con el niño interior

En ho'oponopono se da mucha importancia, como herramienta de sanación, al cuidado de nuestro Niño Interior.

La imagen del Niño Interior es un símbolo mental que conecta directamente con todas las experiencias de tus primeros años de vida, época de vital importancia. Tu Niño Interior guarda todo el amor que recibiste, los juegos, la diversión y felicidad que te acompañó en tu niñez, pero también guarda las frases que se te grabaron, la exigencia que te agobió, las necesidades que no fueron satisfechas. Todas estas experiencias de la infancia, algunas positivas otras negativas, aparentemente olvidadas, siguen dentro de ti, y de manera inconsciente influyen en tu comportamiento, pudiendo producir efectos negativos en tu vida adulta. Pero ahora, como adulto amoroso, puedes curar las heridas de la infancia y reemplazar las falsas creencias que adquiriste en tu niñez.

No solo es un trabajo recomendado para personas que han tenido una infancia traumática. Cualquier situación que afecte fuertemente a un niño, la cual no está capacitado para comprender, y que le provoque un impacto emocional intenso, puede generar un trauma. Estas experiencias no se recuerdan conscientemente, porque quedan reprimidas en la memoria del inconsciente, como una forma de evitar dolor y sufrimiento sin embargo, el bloqueo energético que producen persiste en nosotros para siempre y afecta a nuestra vida adulta. Situaciones, gestos, etc., que de adulto no nos harían daño, cuando somos pequeños provocan dolor, puesto que el niño no tiene la capacidad cognitiva para entender lo que pasa; de niños somos muy vulnerables.

Cuanto más nutrimos a nuestro niño más plena es nuestra vida. Nutrirlo es escucharlo, sentirlo, satisfacer sus necesidades, atenderlo, amarlo. Cumplir sus sueños es cumplir nuestros sueños. En definitiva, ser padres de nosotros mismos.

Es importante poner el acento en la atención y el cuidado del Niño Interior. El vacío, la angustia, la tristeza, la ira, son llamadas desesperadas del niño que clama por nuestra compañía.

El Niño Interior se relaciona con nuestro subconsciente, ahí se encuentran las memorias dolorosas, las creencias limitantes (recuerda que muchas de nuestras creencias limitantes provienen de la infancia), también dentro del subconsciente tenemos programación positiva, pero hay mucha «basura» que limpiar.

> Tu Niño Interior es el conjunto de todo tu potencial en estado puro que te puede permitir la realización en todas las áreas de tu vida. El Niño Interior es como si fuera tu corazón mismo: es donde puedes, al nutrirlo, nutrir el alma.

Cuando ocurre que en una o varias áreas de nuestra vida no conseguimos vivir plenamente, hablamos del niño interior herido. Puede estar herido por muchos motivos, hay que sanarlo con amor; cada vez que conectas con el niño y haces lo que te voy a explicar, lo estás sanando y, por tanto, estás sanando tu punto de atracción.

Normalmente tenemos «amordazado» a nuestro niño, no nos permitimos ser niños otra vez, ser algo infantiles, ser infantil no es algo peyorativo, al contrario, es muy positivo tener la creatividad, la espontaneidad, la inocencia, las ganas de vivir del niño, y es maravilloso seguir sintiendo su capacidad de asombro ante los misterios y sorpresas de la vida. De niños somos capaces de estar absolutamente presentes y disfrutar de cada momento sintiendo el corazón rebosante de felicidad, así se siente un niño la mayor parte del tiempo, así puedes sentirte tú.

Sé espontaneo, haz cosas que te apetezca hacer, como hacen los niños, deja de ser tan adulto, tan autoexigente, permítete ser niño otra vez, móntate en los columpios si te apetece hacerlo, cómete un helado, salta por la calle de alegría, juega, canta, disfruta de cada instante… diviértete un poco. ¿Cuándo fue la última vez que te divertiste de verdad?

Por supuesto, sin irte a un extremo de adulto irresponsable, sí, eres adulto y tienes ciertas obligaciones, pero también tienes la vivacidad, creatividad, fantasía… de un niño, saca a la luz esa parte tuya, serás mucho más feliz, créeme.

Volver a establecer una relación con nuestro niño desde el amor y la comprensión es la mejor forma de curar nuestra dañada autoestima.

Es una manera de realizar cambios positivos en nuestra vida; establecer relaciones sanas, cuidar nuestro cuerpo, trabajar en algo que nos gusta, ser prósperos, amar incondicionalmente y llegar a sentirnos plenos y felices. Cuando cambiamos desde el amor, todo nos sale bien.

Visualización de tu niño interior

Te recomiendo que conectes con tu niño interior todos los días a través de la visualización, es una forma de sanar esa parte nuestra tan olvidada. El niño que tenemos dentro es tan especial que el más breve de los contactos con él nos llena de gozo y una absoluta alegría de vivir.

Al hacer este ejercicio, poco a poco, cuando lleves un tiempo visualizando a tu niño interior, el niño hará la limpieza de ho'oponopono de forma automática y no tendrás que estar tan pendiente de repetir las palabras todo el día. Eso se producirá porque has *conectado* con tu niño.

Elige para esta visualización un momento en que no haya distracciones externas, ponte cómodo, puedes escuchar una música tranquila para favorecer el estado de relajación.

El niño interior somos nosotros de pequeños. Busca una fotografía de cuando eras pequeño, una que te llame la atención, y obsérvala, visualiza a ese hermoso niño o niña.

Cuando tengas la imagen del niño, acércate a él.

Sostén sus manos y acaríciaselas con ternura.

Abrázale con suavidad, un abrazo fuerte lo puede asustar, al niño siempre se le trata con mucha delicadeza.

Si notas resistencias al transmitir tu amor al niño, respétale, puede que lleve demasiado tiempo desatendido, con el tiempo tu niño o niña se abrirá a ti.

Háblale, dile que te perdone por todo el tiempo que ha estado olvidado y prométele que a partir de ahora lo vas a cuidar.

Dile que lo quieres mucho y que todo en él es perfecto.

Observa a tu niño: ¿está triste, contento?, quizá te diga algo, mírale a los ojos; ¿qué emoción te transmite?, pregúntale cómo se siente, qué necesidades tiene.

Juega con el niño, canta, baila, haz lo que te surja en cada momento, pasa un rato con él feliz, haz feliz a tu niño, si él sana, tu realidad sana.

Transmítele tu intención de *borrar, de soltar*, dile que palabra o palabras vas a utilizar para *limpiar*, y pídele con mucho amor que él te ayude en el proceso, plantéaselo como un juego que os va a hacer muy felices a ambos.

Despídete de él con amor hasta la próxima conexión.

* * *

Hay personas que les cuesta visualizar a su niño, al principio puedes ver su cara difusa o incluso no ver nada.

No importa, sigue visualizando como te he explicado y el niño irá a ti cuando él decida, lo importante es que hagas el ejercicio.

Este ejercicio es de vital importancia, imprescindible, hazlo de forma regular y sana a ese niño que todos tenemos dentro y que hemos olvidado y desatendido.

Esta visualización es un primer contacto con esta parte nuestra tan pura, puedes hacer un trabajo mucho más profundo para sanar a ese niño, para sanar tu alma, pero es una forma de comenzar el camino.

Cada vez que conectas con el niño recuerda que estás *soltando,* estás *limpiando* «basura».

Entréga tu amor sincero al niño porque el amor lo cura todo, te diré que practicar ho'oponopono, junto al trabajo con el niño interior, es la forma más fácil, efectiva y a la vez hermosa de sanar tu alma, viajar más ligero y conectar con la divinidad dentro de ti.

Agua solar azul

Hay otra forma de borrar de forma automática: cuanta más agua bebas más borras los recuerdos y memorias negativas de tu subconsciente.

Llena una botella de vidrio (nunca de plástico) de color azul con agua del grifo.

Es imprescindible que la botella sea de color azul, no importa azul claro u oscuro.

El tapón no debe ser de metal, si la botella tiene tapón de metal puedes sustituirlo por un corcho.

Coloca la botella al sol durante una hora mínimo, y máximo el tiempo que desees.

Cuando el agua esté lista puedes refrescarla y usarla para beber, regar las plantas, aclararte después del baño… no dejes que pasen más de veinticuatro horas antes de utilizar el agua, para que no pierda sus nuevas propiedades.

Echando un poco de agua solar en cualquier botella, botellín, bañera… toda el agua se purifica.

Es muy recomendable beber agua solar para artritis, diabetes, problemas de reproducción en mujeres, embarazadas, para los miedos…

El agua solar azul borra memorias porque arrastra la «basura interna».

Puedes echar en la botella azul unas gotitas de limón antes de ponerla al sol para potenciar sus efectos.

Quizá te preguntes; ¿por qué al sol?, ¿por qué una botella de color azul?

Este es el resultado de un experimento científico que se hizo con una botella de agua de color azul.

> El agua que contiene vida es la que procede de manantiales que manan libremente en las montañas, o de pozos extraordinariamente profundos.
>
> Para beber un agua pura como la que se encuentra en pozos o manantiales, es conveniente poner el agua que vamos a beber

al sol, de preferencia en botellas de color azul para que se cargue de fotones lumínicos que luego entrarán con el agua en nuestro cuerpo, una hora de exposición al sol basta, luego podemos enfriarla si así lo deseamos.

Es decir, al poner el agua al sol durante una hora en una botella de color azul, estás purificando el agua y bebiendo agua dulce, por lo tanto no es necesario hacer el proceso con agua mineral, puedes utilizar agua del grifo.

Vaso de agua

Llena un vaso de vidrio transparente con agua del grifo, no importa el color del vaso, llénalo tres cuartas partes.

Colócalo en cualquier lugar de tu casa, trabajo…, luego simplemente cambia el agua del vaso dos veces al día, esto te ayudará a limpiar y borrar memorias.

Si existe una situación en tu vida de mucha negatividad o estrés, el vaso debe ser llenado y vaciado varias veces al día. El agua absorbe la negatividad y cuando es tirada por el desagüe se lleva dicha negatividad.

Puedes poner un papelito debajo del vaso con la situación que te preocupa escrita en el papel. También puedes poner en el papel nombres de personas o fotos, el nombre de las personas por las que te sientas inspirado, quizá esa persona con la que mantienes una relación conflictiva, quizá esa persona que está enferma en tu realidad… lo que tú sientas.

Limpiará las memorias que tenemos sobre esa persona o situación, ayuda a borrar lo que hay en ti que ha creado ese problema, mala relación con una persona… pero recuerda, ten cero expectativas respecto a un resultado concreto y en un tiempo determinado.

Se aconseja a los terapeutas poner un papelito debajo del vaso o vasos con todos los nombres de sus pacientes e igualmente vaciar el agua dos veces al día como mínimo.

Puedes poner varios vasos de agua con diferentes papeles debajo de cada uno.

Palabras de ho'oponopono

Todas las palabras limpian las memorias que existen en nosotros y que compartimos con las personas que se encuentran a nuestro lado, memorias que se producen una y otra vez en hechos, circunstancias y dolores que ya no deseamos vivir.

Repite la primera palabra que vaya a tu mente, o la palabra con la que te encuentres más cómodo, puedes repetir una sola palabra, o varias a la vez, como te nazca hacerlo.

Todas las herramientas son intercambiables y todas son sagradas.

Algunas herramientas puede decirse que son específicas para algún problema concreto porque vinieron por inspiración para un conflicto en particular, pero todas trabajan para todo y tienes que seguir tu propia inspiración a la hora de elegir tu palabra o palabras. Y cuando lo consideres necesario, puedes cambiar de palabra, hay momentos que llevamos mucho tiempo repitiendo una misma palabra y nos cansamos de repetirla, bien, cambia de palabra, vuelve a elegir otra que te haga sentir cómodo, así de sencillo.

GRACIAS.

Tu fe en que todo será resuelto para el bien de todos.

Sus fuerzas pueden sanar cualquier cosa

TE AMO.

Contiene los tres elementos que pueden transformar cualquier cosa: gratitud, reverencia, transmutación y los milagros pueden ocurrir.

LO SIENTO.

Reconoces que algo, aunque no sabes el qué, ha entrado en tu sistema cuerpo-mente, quieres el perdón interno por lo que trajo aquello.

POR FAVOR, PERDÓNAME.

Estás pidiendo a Dios autoperdonarte, eres totalmente responsable de las memorias en ti, pero no culpable.

LLAVE DE LA LUZ.

Borra cualquier cosa que está pasando, ya sea *borrando* memorias o poniendo luz en aquello que se percibe como un problema.

Lanza luz divina sobre el problema trayendo paz.

GOTAS DE ROCÍO.

Esta palabra viene de la alquimia, funciona en todo. Piensa en la frase cuando te sientas enfadado, triste, asustado.

HIELO AZUL.

Palabra indicada para aliviar dolor físico o emocional.

PAPEL PARA MOSCAS.

Corrige problemas de pareja, además es muy útil en situaciones de rabia, enfado o juicio al prójimo, sirve para evitar peleas y discusiones.

VERDE ESMERALDA.
Sirve para sanación física.

LLOVIZNA.
Limpia problemas con el dinero.

LA PAZ DEL YO.
Borra aquellas memorias que nos impiden tener paz interior.

YO SOY EL YO.
Se utiliza para acercarte a la Divinidad.

No es tan importante qué palabra utilices para limpiar memorias que necesitas *soltar*, como que la repitas con constancia.

CONFÍA y deja de aferrarte a tus problemas, la Divinidad puede sanarlo todo, tu único trabajo es el de dar permiso.

Te recomiendo que en algún momento puntual antes de *borrar* tomes conciencia de lo que estás haciendo y, antes de repetir tu palabra elegida o palabras, especialmente cuando estés preocupado, dile al universo esto o algo parecido:

Divinidad borra en mí lo que está creando este problema en mi vida.

Divinidad dejo esta situación en tus manos, tú me darás la solución adecuada.

Haz lo mismo cuando surjan las expectativas por un resultado específico, suelta las expectativas diciendo:

Universo, tú sabes lo que es mejor para mí, confío en ti.

Esto te ayudará a confiar en que lo correcto y perfecto irá a tu vida y a establecer una relación con la divinidad sintiéndote apoyado y protegido. A partir de este momento, lo que suceda después está determinado por la Divinidad, puedes ser inspirado a hacer alguna acción, cualquiera que sea, o no, persiste en el proceso de limpieza y obtendrás la solución a tus problemas.

9

Preguntas frecuentes

ME llegan a menudo numerosas preguntas de personas que han asistido a mis seminarios. Te escribo algunas de las más habituales, seguramente sus dudas serán las tuyas.

¿Cómo utilizo ho'oponopono para atraer un trabajo, dinero, mejorar la salud...?

Recuerda, ten cero expectativas, no utilizas ho'oponopono para conseguir ningún objetivo concreto, tu único trabajo es *soltar*, *borrar*, y lo que sea correcto y perfecto irá a tu vida, esta es la única expectativa que has de tener, recibir lo más adecuado para ti en cada momento y conquistar la paz interna.

No hay nada mejor que puedas pedir que sentirte en paz, desde esa vibración llega todo, sin esfuerzo alguno.

Crees que sabes lo que es mejor para ti pero no sabemos nada, esa Divinidad interior y ese algo superior que lo ha creado todo sabe qué es lo perfecto para ti.

Las expectativas también son memorias. Vienen de nuestro intelecto, esa parte de nuestra mente que cree saberlo todo, pero recuerda, no sabemos tanto como creemos, es muy difícil no tener expectativas pero, cuando aparecen, podemos soltarlas y hacer el trabajo de limpieza de ho'oponopono para estar abiertos y, así, permitir que se presente la mejor opción posible.

Nunca se sabe de dónde pueden venir las cosas, nosotros no vemos todas las posibilidades, el Universo, sí.

Cuantas menos expectativas con la limpieza de ho'oponopono, más dejas a la Divinidad que haga su trabajo y más te va a sorprender gratamente, te lo aseguro.

¿Puedo visualizar un resultado concreto?

Dios no es tu sirviente, ábrete al campo de infinitas posibilidades, no te apegues en exceso a un resultado concreto, no visualices nada, no te cierres.

Ten metas y objetivos pero mantente abierto. La mejor forma de atraer algo a tu vida es poner la intención en ello (todo existe porque hay previo un pensamiento), pero desapegarte del resultado final, se trata de no obsesionarte, de no necesitarlo para ser feliz, se trata de fluir con la vida. El apego se basa en el miedo y la inseguridad, la verdadera felicidad está dentro de ti, no en objetivos externos.

Se capaz de vivir en la maravilla de la incertidumbre, toma un rumbo, empieza un camino y déjate sorprender por la vida, puede suceder algo maravilloso.

No veo al Niño Interior con claridad.

Mira una fotografía tuya de pequeño y busca esa imagen en la visualización si aun así no ves la carita del niño o niña con claridad, o un día ves una imagen del niño y otro día otra imagen diferente, no importa, ya tendrás claridad. Al principio puede costar un poco encontrar a nuestro Niño Interior, ten presente que ha estado mucho tiempo abandonado y desatendido, lo importante es que conectes con él con frecuencia y él niño se abrirá a ti.

No me siento cómodo con la palabra que repito.

¡Pues cambia de palabra! ¿Sabes por qué hay tantas palabras? Porque hay muchos gustos, prueba otra palabra diferente, busca la palabra o palabras que te hagan sentir bien, cualquier palabra *borra*, cualquier palabra es como decir: «Lo siento por aquello que hay en mí que ha creado esto».

Todas las herramientas de ho'oponopono trasmutan memorias dolorosas, cada herramienta es sagrada, lo importante es que lo hagas todo el tiempo que puedas durante el día, no importa qué palabra o palabras utilices, utiliza la que primero vaya a tu mente, la que mejor te haga sentir, la palabra que te llame la atención, ¡simplemente hazlo!

Me cuesta repetir todo el día.

Tú estás pensando todo el día y muchos de esos pensamientos pueden ser negativos o de preocupación, con lo cual, por la ley de la atracción, atraerás más problemas. Hazte un favor y *suelta*, pon tus preocupaciones en manos del Universo. Al principio practicar ho'oponopono puede requerir cierto esfuerzo, pero llega un momento en que será un hábito y lo harás casi sin darte cuenta. Quizá un día practiques seis horas, otro día cinco horas al día, otro día tres… no te preocupes, ves adquiriendo el hábito poco a poco, nadie puede estar veinticuatro horas practicando, solo hazlo todo lo que puedas durante el día, con naturalidad.

Ponte algún recordatorio que te ayude a no olvidarte de *limpiar,* por ejemplo, un papel con la palabra «gracias», o la palabra que repitas, en algún lugar muy visible para ti. Esta sencilla acción te ayudará a no olvidarte de la herramienta que tienes en tus manos para cambiar tu vida.

Cuando los milagros empiecen a sucederse en tu vida, sigue realizando la práctica de ho'oponopono. Tendemos a olvidarnos de la limpieza cuando todo está bien en nuestra realidad, aunque te empiecen a ocurrir cosas maravillosas siempre es importante eliminar «basura» de nuestro subconsciente y quién sabe hasta qué punto te seguirá sorprendiendo el Universo.

Si hay personas enfermas en mi realidad, ¿cómo utilizo ho'oponopono para que se curen?

Si tienes en tu vida alguna persona enferma, son tus memorias, es por tus pensamientos de esa persona sufriendo; tú no ves a la persona, ves las memorias que tienes sobre esa persona.

Lo que se borra de ti se borra de los demás, pero tú no decides qué se sana y qué cambios vas a percibir en las personas de tu alrededor, seguro que notas cambios pero no sabes cuáles serán. Serán los apropiados, déjaselo al Universo.

Si no sabemos qué es lo mejor para nosotros, ¿cómo saber lo que es más idóneo para los demás? Deja a las personas hacer su camino, vivir su propia evolución.

Si deseas ayudar, dale tus problemas y los de las personas que comparten tu realidad a Dios, Él conoce la solución adecuada.

¿Tengo que sentir amor y gratitud?

No tienes que sentir nada, si te invade una emoción positiva recógela y disfrútala, pero no la busques, habrá momentos que te sentirás enfadado y preocupado, repetirás sin ganas y sin emoción, no importa, sirve exactamente igual.

¿Me va a funcionar?

Ho'oponopono funciona para todos, no tienes que ser una persona elevada o iluminada, culta o inteligente, vale para niños y ancianos, ricos y pobres…, el Universo no discrimina, tú pones tus problemas y los de los que te rodean en sus manos y él te ayuda, SIEMPRE.

Pero tienes que elegir no «engancharte», no pensar y preocuparte tanto. En realidad, que notes los beneficios de esta técnica o no depende de ti, de si practicas o no practicas. Tú tienes la última palabra.

¿Si utilizo «papel para moscas» solo corrijo problemas de pareja?

Repito, todas las palabras sirven para *borrar* lo que hay en ti que estás preparado para *soltar* y que está creando problemas, cualquier palabra sirve, simplemente escoge la palabra o palabras que te hagan sentir bien. Quizá piensas que al utilizar papel para moscas estás trabajando con el tema de la pareja, puedes creer que estás limpiando con una persona o situación específica, pero las memorias están conectadas y cuando borras una influyes en el borrado de otras memorias, nunca sabemos con exactitud qué estamos *soltando* y qué será lo más apropiado para ti.

¿Pero cómo he podido atraer experiencias tan negativas?

No lo sé, ¿quién lo sabe?, en tu interior hay memorias y programas que ni sabes que están ahí y están atrayendo situaciones conflictivas y dolorosas, no importa saber el porqué, sino eliminar lo que ya no te sirve. Piensa que muchos de nuestros problemas vienen de nuestros ancestros o inclusive de otras vidas, lo importante es que no se repita; *¡limpia!*

¿Me tendría que sentir culpable por las personas que hay en mi realidad que sufren? Si son una proyección de mi mente...

Elimina la culpa de tu vida, tienes programación negativa en tu subconsciente que atrae situaciones conflictivas y dolorosas.

Todos tenemos mucho que sanar, eres responsable de esas memorias y puedes elegir sanarlas, pero tú no has hecho nada malo, no es un proceso consciente, tu subconsciente atrae todo, son las memorias.

¿Ho'oponopono es contrario a la ley de la atracción?

Con la ley de la atracción, al pedir lo que creemos que es bueno para nosotros, al visualizar un resultado específico, trabajamos con la mente consciente, esa parte nuestra que no sabe demasiado.

Tu punto de atracción es tu mente subconsciente, y ho'oponopono sana esa parte.

Por ejemplo, quieres atraer una pareja maravillosa a tu vida y lo visualizas, haces afirmaciones, pero ocurre que a nivel subconsciente tienes creencias limitantes sobre el amor, así que no atraerás el amor. Tienes que ir al lugar desde donde creas tu realidad, el subconsciente, y eliminar lo que te está impidiendo experimentar lo que te mereces.

La ley de la atracción es una ley del universo y puedes atraer muchas cosas estupendas aplicando esta ley, no es que no funcione, pero ho'oponopono es más potente que la ley de la atracción, porque estás trabajando en tu mente subconsciente, es decir, en tu punto de atracción.

¿Se pueden poner varios vasos de agua?

Sí, puedes poner los vasos que desees y en los sitios que te sientas inspirado, y puedes poner diversos papelitos debajo del vaso con nombres de personas o problemas, pero recuerda: cero expectativas.

Cuando pongas nombres de personas puedes añadir algún dato de esa persona, como fecha de nacimiento o dirección, o incluso una fotografía.

Si eres terapeuta, se recomienda poner uno o varios vasos de agua y debajo papelitos con el nombre de tus pacientes.

Cambia el agua del vaso o vasos, como mínimo dos veces al día.

Poner nombres de personas o situaciones conflictivas en un papel bajo el vaso nos ayuda a borrar las memorias que hay en nosotros que han creado ese problema en nuestra vida, o en la vida de las personas que están a nuestro alrededor.

Referente a las personas, además, nos ayuda a comportarnos con ellas desde la Inspiración, no desde las memorias, para decir o hacer en relación con esas personas lo correcto.

Estoy practicando ho'oponopono y se me repite mucho una idea.

Si estás borrando y se repite constantemente una idea es porque viene de la Inspiración, una señal directa de la Divinidad, también podría venir de las memorias, pero si estás borrando con asiduidad, entonces viene de la Inspiración, y quizá sea una forma de ayuda que el Universo te está ofreciendo. Mira cómo se siente tu corazón al pensar en esa idea o proyecto y sigue esa llamada.

No te olvides de actuar, utilizando ho'oponopono los milagros llaman a nuestra puerta y solo hay que dejarlos entrar, pero hay veces que se requerirá una acción por tu parte.

Por ejemplo, se te presenta un cambio laboral que es magnífico, la oportunidad está ahí, pero tienes libre albedrío y puedes escoger esa buena oportunidad o dejarla marchar, tú decides.

He empezado a practicar y me siento mal.

Cuando empiezas a practicar ho'oponopono, puede ser normal un periodo de incomodidad, quizá estés soltando memorias a través del enfado, la rabia, tristeza, dolores físicos…, da igual, sigue *borrando*.

Por mi experiencia con las personas que asisten a mis seminarios, es algo que no dura demasiado tiempo, tan solo unos días, piensa que es para bien, estás sanando a nivel subconsciente, se produce debido a la *crisis del cambio*.

¿Ho'oponopono puede ayudar con las adicciones?

Sí, conozco algún caso de personas a las que utilizar ho'oponopono les ha ayudado a superar una adicción como la adicción al trabajo o al alcohol.

Pero las adicciones están muy arraigadas, normalmente hay que *limpiar* mucho para que desaparezcan, pero ho'oponopono trabaja en todos los planos, físico, mental, espiritual, económico, en problemas de todo tipo y, por tanto, también con las adicciones.

Me cuesta no tener expectativas.

Es normal tener expectativas y en la vida ten las mejores, confía en que las cosas te van a ir bien, pero no te apegues en exceso a un resultado concreto.

En el proceso de limpieza de ho'oponopono hay que tener cero expectativas, no sabes lo que va a pasar, qué va a cambiar, simplemente repite tu palabra o palabras mentalmente, tómatelo como un juego, hazlo con la inocencia de un niño, las expectativas son como ordenes al universo, deja de manejarlo todo con tu mente, pensando que sabes lo que es mejor para ti, el Universo sabe que es lo más adecuado para ti, conéctate con ese campo de infinitas posibilidades, de infinitas oportunidades.

He empezado a *borrar* y parece que todo ha empeorado.

Parece, solo parece, a veces te suceden acontecimientos que pueden parecer negativos y con el tiempo se convierten en bendiciones. Si empiezas a practicar ho'oponopono y se produce algún cambio «extraño» en tu vida, sigue con la limpieza.

Quizá esos «movimientos extraños» son los necesarios para que finalmente todo se ponga en su sitio, quizá la Divinidad te está dando señales para que cambies el rumbo, quizá debes aprender algo... sigue *limpiando.*

Muchas veces detrás de algo aparentemente «malo» puede estar el milagro, y algo que parece positivo en tu vida, no lo es tanto... las cosas son «buenas» o «malas» según el punto de vista de cada persona, de sus creencias, memorias, experiencias... en realidad, todo es aprendizaje y todo es como debe ser.

¿Veré pronto los resultados?

En ho'oponopono no hay un tiempo determinado, puede ser que los veas en unos pocos días, tengo muchos testimonios al respecto, o puede que empieces a notar cambios en tu realidad en dos meses, dos semanas...

Mi experiencia es que las personas que integran ho'oponopono en su día a día, que repiten con constancia, no tardan en ver resultados positivos. Pero cada persona es distinta.

Recuerda que tú limpias para estar en paz, pase lo que pase en tu realidad, y en ese estado mental llega todo, pero el cambio será según el tiempo del Universo, no a tu tiempo, y así será al tiempo perfecto.

Hago afirmaciones, ¿puedo seguir haciéndolas?

Si te resulta beneficioso hacer afirmaciones, hazlas para mejorar el ánimo, la autoestima… las afirmaciones reprograman el cerebro y son una gran herramienta, pero si trabajas con ho'oponopono no utilices afirmaciones enfocadas a un resultado concreto, ábrete a los milagros.

¿Puedo tener metas y objetivos?

Por supuesto, pero en el camino hacia tus sueños haz la limpieza de ho'oponopono todo el tiempo que puedas. Para estar abierto, comienza un camino pero ábrete a nuevas rutas, a otras puertas que puedan mostrarse ante ti.

¿A quién se lo estoy diciendo?

No se sabe con exactitud, se entiende, en cierta manera, que le estás diciendo «lo siento» o «gracias» a tus enemigos, tus enemigos son tus memorias dolorosas, recuerda que *lo que resiste persiste* y tú no luchas, pones la otra mejilla, la mejilla del amor y el amor lo cura todo.

Pero quizá también le estás diciendo «gracias, te amo, lo siento» a la Divinidad dentro de ti, a ti mismo. Sea como sea es un trabajo interno, recuerda, no hay nada fuera… lo importante es elegir *soltar* y el proceso de transmutación ocurre, solo hazlo.

Esa paz, ese estado cero, ¿cuándo lo alcanzaré?

Cuanto más *limpies*, más estarás en paz, poco a poco te irás sintiendo más firme en ese estado cero.

El estado cero se asocia con iluminación, «iluminación» evoca la idea de algún logro sobrehumano, y al ego le gusta verlo así, sin embargo, se trata simplemente de tu estado natural de unión con el Ser. Es un estado de conexión con algo inconmensurable e indestructible, es el encuentro con tu verdadera naturaleza, más allá de nombres y formas, es el fin del sufrimiento, es paz interna.

Hay personas que sienten esa paz muy rápido, a otras personas les cuesta más tiempo. Lo importante es que poco a poco te preocuparás menos, aunque tengas problemas los vivirás de otra forma mucho más positiva y esa es la clave para sentirte feliz y atraer todo tipo de experiencias maravillosas.

Si conecto todos los días con mi niño interior, ¿él limpiará por mí?

Llegará un momento en que harás la limpieza de forma automática gracias al niño interior, pero hay que conectar mucho con el niño para que esto suceda, sigue *borrando* también de forma consciente.

Pero ¿cómo no voy a preocuparme cuando aparece un problema?

Sí, lo que hemos aprendido es a preocuparnos, somos humanos y, por supuesto, nos vamos a preocupar en algún momento, lo importante es que la preocupación no domine tu vida, porque entonces quien domina tu vida es tu mente, el ego, y vas a sufrir.

Es hora de despertar y entender cómo funciona la vida, entender que cuanto más te preocupes, más atraes lo que NO quieres a tu vida, atraes más problemas, más «basura», la conciencia es liberadora, sé consciente de que el secreto para ser feliz es dejar de preocuparte tanto, intenta aprender del problema y no ahogarte con él, recuerda que todo es como debe ser, todo es perfecto, acepta que todo lo que sucede en tu vida es lo más adecuado que puede pasar de acuerdo a tu evolución.

Tendrás momentos en los que tu hemisferio izquierdo tomará el control y te volverá loco con su parloteo, es normal, pero cuando tomes conciencia de lo que está haciendo tu mente, haz la limpieza de ho'oponopono, tú no eres tu mente, eres mucho más, se libre de una vez, alcanza la paz, y de esta forma llegará a tu vida todo lo que mereces.

¿Por qué estas palabras y no otras?

Ho'oponopono es una técnica ancestral, quién sabe por qué estas palabras y no otras, lo que te aseguro es que cada herramienta es sagrada y al repetir cualquiera de estas palabras la Divinidad fluye a través de ti.

¿Tengo que repetir o decir algo cuando bebo el agua solar, pongo el vaso de agua...?

No has de decir nada concreto o repetir alguna palabra de ho'oponopono mientras bebes el agua solar, pones el vaso de agua... simplemente hazlo, recuerda que por un lado están las herramientas de ho'oponopono; el niño interior, el agua solar azul, poner un vaso o vasos con agua... (hay más herramientas en ho'oponopono, solo he recogido algunas de ellas) y, por otro lado, las palabras. Cuando repites una palabra o palabras e igualmente cuando utilizas alguna herramienta de ho'oponopono es como decir:

«Lo siento por aquello que hay en mi que ha creado esto».

El proceso de transmutar memorias y dar permiso a la Divinidad para que te ayude se ha puesto en marcha.

¿Tengo que hacerlo todo; herramientas, palabras...?

Hay personas que solo utilizan las palabras de ho'oponopono y notan el efecto positivo de esta técnica ancestral hawaiana, lo principal a la hora de practicar ho'oponopono es la repetición de las palabras, pero las herramientas también borran memorias, también ayudan en el proceso de limpieza, hazlo como tú creas, sigue tu propia intuición.

¿Y si se *borra* de mí algo que es bueno?

Solo eliminarás aquellas memorias, creencias, que estén entorpeciendo tu camino. Ho'oponopono es guía, protección, es una petición a la Divinidad para que te ayude, nunca va a surgir nada perjudicial en tu vida por utilizar ho'oponopono, sino todo lo contrario.

* * *

Estas son las dudas más comunes que las personas que asisten a mis seminarios suelen plantearme, y está bien hacer preguntas, claro que sí, pero no te dejes dominar por tu mente y su «lógica aplastante», quizá a veces la escuches murmurar: «¿De verdad crees que repitiendo unas palabras vas a resolver el problema?».

Cuidado, la mente solo hace lo que sabe hacer, no es cuestión de maldad, pero no le des tu poder, quédatelo tú, no entres en su juego. ¿Sientes en tu corazón que esta técnica te puede ayudar? Entonces sé libre y adelante.

10

Las reglas del juego

L A vida es como un juego, es importante aprender las reglas para que podamos participar y salir victoriosos.

Por eso es fundamental que conozcas las leyes espirituales que rigen este regalo que es la vida. Cuanto más tengas en cuenta estas leyes, más fácil y divertido será jugar.

Es hora de cambiar, hay actitudes que ya no sirven en estos tiempos de cambios, porque los seres humanos estamos empezando a sufrir demasiado, pero cuando seguimos las leyes espirituales, somos capaces de vivir en el amor y caminar por la vida con una sonrisa.

Llevando a la práctica estas leyes, sentirás un gran alivio en tu vida y podrás abandonar el sufrimiento y la angustia. Estas leyes actúan inexorablemente, las conozcas o no, da igual quién seas, dónde vivas, qué posición social ocupes… todo eso da igual… Es como la ley de la gravedad, si tiras un objeto al aire, caerá por su propio peso, no importa que entiendas cómo funciona, siempre sucederá, pues exactamente igual ocurre con estas leyes, si las conoces y actúas a su favor, empezarás a ver la vida como lo que es, un tesoro, el tesoro que representa cada día lleno de nuevas oportunidades.

Llena tu vida de gozo, armonía, serenidad y pon en práctica las leyes universales. Se dice que lo importante es participar, no ganar… pero también es verdad que la felicidad es tu derecho de nacimiento, no te conformes con menos.

Veamos un breve repaso por las leyes espirituales que a mi entender y según mi experiencia, te van a ayudar a avanzar con éxito por la senda de la vida, también te aportarán entendimiento de por qué te ocurren ciertas cosas y, por supuesto, te darán claridad a la hora de entender ho'oponopono.

Como es dentro es fuera

Nuestro mundo exterior refleja nuestro mundo interior.

Si quieres cambiar algo de tu realidad, tienes que cambiar tú, cuando tú cambias por dentro, tu realidad siempre cambia, porque no hay nada fuera, cambia tu actitud y cambiarán las condiciones externas de tu vida.

Cuando se presente algo en tu realidad que no te guste, no culpes porque no hay culpables, tampoco tú lo eres, pero sí responsable. Algo en tu interior ha creado esa circunstancia, problema o difícil relación, y no hace falta saber qué es, pero si es necesario para despertar del sueño, ser consciente de que tú has escogido y creado cada cosa de tu vida.

Deja de culpar, nadie te hace nada, no hay nada que perdonar, tú eliges todas las experiencias que entran en tu vida, deja de enfadarte, protestar e enjuiciar y aprende lo que cada situación tiene que enseñarte. Muchas de tus elecciones ya las has hecho antes de venir a este plano, así como las situaciones y personas que debían mostrarte un aprendizaje.

El objetivo de este libro es que practiques ho'oponopono, ahí estará esa sanación interna, después de ello solo te quedará observar, disfrutar y empaparte de la luz que proyectará tu realidad exterior.

La ley de la atracción

La ley de la atracción es una fuerza que rige nuestro planeta y que regula muchos procesos.

Todo en nuestro Universo es «aparentemente» sólido, pero en realidad no es así, nada es sólido, todos lo que existe está formado por conjuntos de moléculas, partículas y átomos, que son energía, todo es energía.

También tus pensamientos emiten una energía, una vibración y la ley de la atracción nos dice que todo atrae a su igual y que todo aquello en lo que concentras tu atención es lo que expandes, lo que alimentas, lo que atraes sin cesar una y otra vez.

Lo semejante atrae a lo semejante, todo es cuestión de vibración, si piensas en positivo atraerás cosas, personas, circunstancias positivas, si piensas en negativo constantemente, atraerás solo experiencias negativas.

Cuando hablamos de pensamientos ten en cuenta dos conceptos importantes:

— Atrae el pensamiento unido a la emoción, esos pensamientos a los que añadimos carga emocional, bien sea positiva o negativa.
— Recuerda que no eres consciente de todo lo que piensas, la mayoría de tus pensamientos son inconscientes y además se mezclan con creencias, muchas limitantes, memorias dolorosas, etc., que se manifiestan es tu mente subconsciente; ahí es donde tienes que trabajar, y ho'oponopono trabaja en esa parte tuya.

La ley del reflejo

Observa lo exterior y cambia lo interior.

Las personas que te rodean y te desagradan te están mostrando aspectos de ti mismo con los cuales no te sientes a gusto y no te gusta reconocer.

Toda situación y persona de tu vida es un reflejo de un aspecto tuyo, todo lo que percibimos fuera es un espejo de algo que tenemos dentro.

El otro es tu espejo y lo que no te gusta de él o ella, está sin resolver en ti.

Cualquier persona que te altere te sirve de reflejo y te muestra características tuyas que te cuesta aceptar.

Dos personas incompatibles son dos maestros mutuos, cada uno tiene pendiente de aceptar lo que el otro refleja.

La ley del desapego

Puedes tener lo que quieras en tu vida, pon la atención mental en ello, todo debe pensarse primero para existir, y desapégate del resultado.

Si tu felicidad depende de conseguir ese objetivo, si tienes necesidad, esa es la vibración que emites, de necesidad, de carencia y así solo atraerás más de lo mismo, esa cosa o persona a la que te apegas te ha quitado tu libertad. Ten metas y objetivos, sueña, claro que sí, pero desapégate del resultado final.

Un maestro, una persona iluminada tiene paz interior, está desapegado del dinero, de otras personas, no se apega a nada porque ya lo tiene todo, es libre, es un maestro y tremendamente poderoso.

No es fácil ir por la vida sin apegos, y es normal y motivador tener metas, pero deja siempre una puerta abierta para que la Divinidad te sorprenda, ábrete a la magia de la vida.

La ley del mínimo esfuerzo

Acepta cada momento, utiliza cada reto como un escalón hacia el crecimiento espiritual y la expansión de la conciencia.

La lucha, la no aceptación de tus circunstancias personales conflictivas, no conseguirá nada beneficioso, sentirás dolor, frustración, ansiedad... pero cuando aceptas lo que hay en este momento, eso es vibrar en el amor, no hay lucha ni combate y el cambio en la situación problemática ya ha comenzado.

Aceptación no es resignación, simplemente ocurre que cuando aceptas lo que hay en tu vida, aunque te gustaría que fuese diferente, es porque antes has entendido que pasa por algo y que además tú lo has atraído, tú eres responsable. Esa adversidad hay que aceptarla porque de esa manera le quitamos poder. Si cuando persigues algo sucede algo diferente, acepta relajadamente el cambio, porque esta es la manera más fácil de alcanzar tu deseo.

Si tomas conciencia de ello, todas las situaciones, supuestamente preocupantes, se convertirán en una oportunidad para la creación de algo nuevo y maravilloso, y todo supuesto verdugo se convertirá en tu mejor maestro.

Acepta las situaciones problemáticas, las relaciones conflictivas como lo que son; oportunidades de crecimiento, de aprendizaje, todo pasa por algo, nada es casual, todo lo que ocurre es necesario para tu evolución.

Y por supuesto, acéptate tal como eres, ámate, asume tu luz y asume tu sombra, cuando te ames tal como eres el universo entero te amará y aceptará.

La ley de la gratitud

La gratitud es uno de los sentimientos más beneficiosos que conoce el ser humano, siendo una persona agradecida te abres a toda la abundancia del universo, al universo le gusta que agradezcas y te dará más motivos para expresar tu agradecimiento.

Hasta el punto de que cada día deberíamos encontrar un momento para preguntarnos: «¿Qué tengo hoy que agradecer?».

Seguro que das con motivos para manifestar ese agradecimiento y, entonces, automáticamente, cambia tu punto de enfoque, te concentras en lo bueno de tu vida, y también tu vibración cambia, es una vibración de abundancia la que emites y por ley de atracción vendrán más motivos para agradecer.

La gratitud es la llave de oro que te conecta con toda la grandeza del universo.

La gratitud, también, previene contra el desaliento y la tristeza.

Cuentan que, hace mucho tiempo, el demonio montó una exposición con todas las herramientas que utilizaba para engañar a los humanos. Vivía por aquel lugar un hombre de Dios que, enterado, quiso acercarse para conocer las trampas de Satanás. Llegado al lugar, observó que el espacio mayor de la sala lo ocupaba una única trampa y, al aproximarse a ella, lleno de curiosidad, vio un cartel que decía: «DESALIENTO». Un tanto asombrado, se dirigió al demonio:

— ¿Tan eficaz es el desaliento? —le preguntó.

—Es mi trampa más eficaz —respondió el demonio—. Cuando consigo que una persona se desanime, hago de ella lo que quiero.

Preocupado, el hombre de Dios volvió a preguntarle:

—¿Y cuál es el remedio contra él?

El demonio se hizo de rogar, pero al final confesó:

—El único remedio contra el desaliento es la gratitud. Una persona agradecida no se desalienta jamás.

La ley del dar y recibir

Eres lo que das en pensamientos, obras y acciones, de lo que más quieras recibir más tienes que dar, dar es recibir.

Lo mismo que piensas de otros, digas de otros o hagas a otros, eso mismo deberás vivirlo, esas serán tus próximas vivencias.

Ten buenos pensamientos, buenas palabras, realiza buenos actos y así será tu vida, lo mismo que estás dando eso recibirás.

Nunca falla, esta ley es exacta: ¿qué te falta en tu vida?, ¿amor?, ¿cuánto amor estás dando tú?

Todo vuelve a ti, pero recuerda que quizá no provenga de la misma dirección hacia donde lo enviaste, no esperes nada de nadie concreto, da amor, alegría y generosidad, y no sé cómo ni cuándo, pero eso te devolverá el universo.

Y por supuesto, no te centres solo en dar, no esquives lo que el universo te devuelve, aprende a recibir. A veces nos sentimos incómodos cuando alguien nos habla de nuestras cualidades o cuando nos hacen un regalo «excesivo» y sentimos que no nos lo merecemos. En realidad, si nos sentimos inferiores e inseguros con nosotros mismos, no vamos a ser capaces de recibir lo bueno que el otro nos regala. Uno de los pasos más importantes para desarrollar una personalidad exitosa es cultivar una actitud que tenga en cuenta la «conciencia de merecimiento». Por derecho, cada persona que nace se merece todo, pero solo obtendrá aquello que cree merecer. Una actitud de merecer la abundancia del universo hará que esa abundancia llegue a ti.

Algo importante de esta ley es el concepto de «karma». No te obsesiones con el karma del pasado, si llega a tu vida una experiencia desagradable intenta ver la enseñanza, pregúntate qué mensaje trata de darte la vida y tómatelo como lo que es; una oportunidad de aprendizaje y crecimiento.

De esta forma puedes transformar tu karma en una experiencia más deseable. No me agrada la connotación de karma y castigo unida a un dios enemigo, la oportunidad siempre está en cada experiencia que vives, la oportunidad de aprender, evolucionar y ascender.

Que el amor sea la base de tus acciones, no perjudiques a nada ni a nadie, y no te obsesiones con un mal karma porque atraerás malas experiencias, quizá no por una cuestión kármica, sino por tu creencia de tener que saldar deudas, *lo que crees creas*.

La ley del Dharma

«Dharma» es un vocablo sánscrito que significa «propósito en la vida». Esta ley dice que nos hemos manifestado en forma física para cumplir un propósito.

De acuerdo con esta ley, cada uno de nosotros tiene un talento único y una manera única de expresarlo, un propósito en la vida, una misión de vida.

Cuando digo que ho'oponopono cuando más te ayuda es cuando sigues tu pasión, me refiero a la ley del Dharma, en ho'oponopono no pedimos un resultado concreto, tan solo esperamos que lo más adecuado para nosotros venga a nuestra vida y lo correcto y perfecto será alcanzar tu propósito en la vida, alcanzar tu misión de vida.

Cuando practicas ho'oponopono, la inspiración llega a tu vida y descubrirás talentos, ideas, para tomar un nuevo rumbo, es la llamada de tu Ser que te está guiando a que realices lo que viniste a hacer.

Todo lo que hacemos proviene de la Inspiración o de las memorias, la Inspiración es una señal directa de la Divinidad; se trata, por tanto, de limpiar las memorias dolorosas, de modo que puedas actuar inspirado por las señales de la Divinidad.

Cuando uno se dedica a hacer lo que vino a hacer en esta vida, la vida resulta fácil, todo lo necesario aparece, por tanto debemos de establecer una comunicación cada vez más fluida con nuestra alma.

Nuestros pensamientos se materializan más rápido cuando están relacionados con nuestro propósito de vida, las cosas fluyen de forma más fácil, deja de identificarte con tu mente, sigue la llamada de tu corazón y tu alma te pondrá en el camino correcto.

La ley de la vibración

Todo en este universo es energía, todo emite una vibración, nada está estático, todo se mueve, todo vibra, el miedo tiene una vibración pesada, baja, la alegría, el amor, una vibración alta.

Tus emociones se encuentran dentro de la vibración del temor o del amor; si vives en las vibraciones del temor, la mayor parte del tiempo atraerás cosas, personas, circunstancias, de baja vibración. Si vives la mayor parte del tiempo en las vibraciones del amor, atraerás cosas, personas, circunstancias positivas, de alta vibración.

Recuerda, la *energía mana*, esa energía divina, positiva, que te invade cada vez que practicas ho'oponopono, esa energía eleva tu vibración y automáticamente estás en la emoción del amor, por tanto atraerás energías de vibración alta. La energía más poderosa es siempre el amor y todas las emociones que se derivan de él.

Deja de vivir en el temor, la supervivencia, la lucha, porque el temor separa y destruye y aquello que temes lo atraerás a tu vida.

Cuando vivas tu vida en el AMOR, con alegría y paz, atraerás más de lo mismo y empezarán a volver a ti cosas maravillosas.

La ley de los milagros

Una definición de milagro sería un hecho no explicable por las leyes naturales y que se atribuye a una intervención de origen divino.

San Agustín sabiamente sentenció:

El milagro no acontece en contradicción con la naturaleza, sino en contra de cuanto nosotros sabemos de la naturaleza.

Y sabemos tan poco...

Todo lo que ocurre en tu vida tiene una causa y a veces es difícil ver la causa del efecto, en este caso el milagro; como yo lo veo, a veces ocurre algo que nos permite deslizarnos por la senda hacia la energía divina, conectarnos con el Universo y sus infinitas posibilidades.

Esa conexión con la Divinidad produce una conexión con los milagros.

Ahora pregúntate, cuando utilizas ho'oponopono la Divinidad fluye a través de ti; ¿cómo no te van a ocurrir milagros?

* * *

Hasta aquí este libro que espero te ayude a cambiar tu realidad. Con este libro pretendo acercarte una técnica que te ayudará en tu vida, he querido transmitirte todo lo que esta herramienta te puede aportar porque será mucho, pero hoy no es tiempo de maestros que lo saben todo y lo enseñan todo según su doctrina, hoy es tiempo del verdadero maestro, el maestro interno que tú tienes dentro de ti, tú eres tu mejor maestro.

Si eliges despertar y conectarte con el universo, que sepas que los milagros te están esperando, te esperan con una actitud algo tímida, a veces les cuesta dejarse ver... pero cuando tú les llamas utilizando su lenguaje, se ponen sus mejores galas y salen a tu encuentro, os encontraréis en el camino porque al fin y al cabo, como alguien muy especial me dijo una vez: *Solo importa el camino*, feliz viaje.

Si desea contactar con la autora puede hacerlo a través de:

www.golosinasparaelalma.com